Reihe
Motorik

Band **23**

Martina Lutter-Walther /
Antje Stock

Erlebnis-
landschaften
in der Turnhalle

Ein praktisches Handbuch
für Spiel, Spaß & Abenteuer
in Schule, Verein und Freizeit

2. Auflage

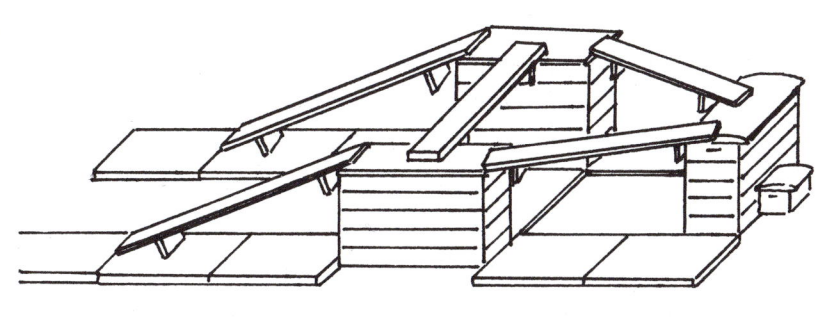

Verlag
Karl Hofmann
Schorndorf

Bibliografische Information Der Deutschen Bibliothek

Die Deutsche Bibliothek verzeichnet diese Publikation in der Deutschen Nationalbibliografie; detaillierte bibliografische Daten sind im Internet über http://dnb.ddb.de abrufbar.

Bestellnummer 7023

© 2001 Verlag Karl Hofmann, Schorndorf

2. Auflage 2003, unveränderter Nachdruck der 1. Auflage

Zeichnungen: Martina Lutter-Walther

Erschienen als Band 23 der „Reihe Motorik"

Gesamtherstellung in der Hausdruckerei des Verlags

Printed in Germany · ISBN 3-7780-7023-1

Inhalt

Vorwort der Autorinnen

Aus altbekannten Turngeräten lassen sich neue phantasievolle Erlebnislandschaften zaubern, die Kinder ebenso wie Erwachsene begeistern und zur Bewegung anregen. Das Turnen wird wieder zum Erlebnis. Kein mühevolles Erlernen normierter Bewegungen, sondern spielerisches, freiwilliges Bewegen stehen im Vordergrund. Spaß, Freude und Motivation entstehen aus dem freiwilligen Tun. Außerdem ermöglicht das Turnen in Erlebnislandschaften die Schulung vielseitiger Bewegungserfahrungen, deren Mangel in unserer Gesellschaft immer wieder betont wird. Diese Bewegungserfahrungen sind als grundlegende Voraussetzung für die Sicherheit in Alltagssituationen sowie für den Erwerb sportartspezifischer Fertigkeiten und Fähigkeiten anzusehen.

Unser Anliegen ist es, mit diesem Buch langjährige Erfahrungen und Erkenntnisse weiterzugeben. In zahlreichen Eltern-Kind-Gruppen sowie insbesondere in unserer Tätigkeit als Übungsleiterinnen im Bereich des Familiensportes haben wir die hier vorgestellten Aufbauten immer wieder erprobt. Viele Ideen kamen dabei von den Kindern oder deren Eltern selbst. Andererseits beinhaltet diese Sammlung aber auch Gerätearrangements, die sicherlich manchem Leser bekannt sind. Ziel ist es, ein praktisches Handbuch anzubieten, welches sich durch eine Fülle von Ideen auszeichnet und Anregung für die unterschiedlichsten Bewegungsstunden sein kann. Die Praxisanregungen und Zeichnungen bilden daher den Schwerpunkt dieses Buches. Sie sind sehr benutzerfreundlich und ermöglichen auf ihre klare Weise eine vereinfachte Planung und Durchführung zahlreicher Sportstunden in Schule, Verein und Freizeit. Der eigenen Kreativität und Phantasie sind dabei keine Grenzen gesetzt. Die Vorschläge dienen lediglich als Orientierungsrahmen und lassen sich jederzeit je nach vorhandenem Material umgestalten und erweitern. Der Sicherheitsaspekt sollte allerdings stets Berücksichtigung finden.

Die vielfältigen Einsatzmöglichkeiten und Differenzierungsmöglichkeiten der Arbeit mit Erlebnislandschaften werden am Beispiel des Familiensportes aufgezeigt, da uns dieser Bereich besonders am Herzen liegt und unseres Erachtens in der aktuellen Literatur noch zu wenig Beachtung findet.

Herzlich danken möchten wir an dieser Stelle unserem langjährigen Kollegen Norbert Raabe, der mit uns gemeinsam viele der in diesem Buch veröffentlichten Ideen entwickelte.

Martina Lutter-Walther/Antje Stock

1 Turnen mit Erlebnislandschaften

Veränderte Umwelt- und Lebensbedingungen haben dazu geführt, dass Kindern immer weniger Raum zum freien Erproben ihrer Bewegungsmöglichkeiten und -fähigkeiten zur Verfügung steht. Gewisse Mängel in der individuellen Bewegungsentwicklung werden immer häufiger beobachtet (vgl. BAUMANN, 1999, S. 28). Kinder, insbesondere in der Großstadt, haben auch immer weniger Gelegenheit für sie überschaubare bewegungsbezogene Risiken einzugehen, die mit ihren motorischen Fähigkeiten zu meistern wären. Insofern fällt es ihnen häufig schwer, alltägliche Risiken richtig einzuschätzen, da sie unzureichende Bedingungen vorfinden, die hierfür benötigten Fähigkeiten zu entwickeln (vgl. BAUMANN, 1999, S. 28 ff.).

Hier setzt das Turnen in Erlebnislandschaften an und versucht einen Raum zu schaffen, indem ein offen gehaltenes Bewegungsangebot ein experimentierendes Auseinandersetzen mit den Geräten und den eigenen Bewegungsmöglichkeiten zulässt. „Großgeräte und Großgerätearrangements beinhalten für Kinder Wagnis- und Risikosituationen. Solche Situationen haben eine enge Beziehung zum psychischen Bereich: Das enge Wechselspiel von Psyche und Motorik kommt nachhaltig zum Tragen. Das Bedürfnis des Kindes nach Spannung, Wagnis, Neugier und Überraschung wird befriedigt" (SCHRAAG, 1996, S. 18). Der Lehrer, Übungsleiter, Eltern oder Freunde stehen dabei zum Eingreifen bereit und helfen, wenn Hilfe notwendig wird.

Ängstliche Kinder erhalten so die Chance erst einmal die Anderen beim Turnen in den Erlebnislandschaften zu beobachten, bevor sie durch ein schrittweises Herantasten nach und nach selbst immer mutiger werden können. Risikofreudige Kinder können sich hingegen im Umgang mit den Erlebnisstationen erproben und an manchen Stellen sicherlich ihre eigenen oder die Grenzen anderer erfahren. Jedes einzelne Kind erhält

so die Gelegenheit kleine Wagnisse einzugehen und dabei in spielerischer Auseinandersetzung das eigene Bewegungsrepertoire zu erweitern. „Sich wagen im Sport heißt also eine individuell reizvolle Bewegungsaufgabe mit ungewissem Ausgang als Herausforderung zu akzeptieren und diese vorzugsweise mit eigenen motorischen Mitteln sprich Fähigkeiten zu bewältigen" (NEUMANN, 1998, S. 8).

So wird ein verantwortungsbewusster Umgang mit Risiko- und Gefahrensituationen geübt und das eigene Bewegungsvermögen verbessert. Die Freude am Bewegen und gemeinsamen Tun stehen dabei an erster Stelle.

1.1 Welche Zielgruppe sprechen wir an?

Das Turnen in Erlebnislandschaften ermöglicht eine Vielfalt von Bewegungsformen, die alle Altersgruppen ansprechen. In erster Linie sind die Erlebnislandschaften für die Altersstufe von 1–10 Jahren attraktiv, da in dieser Altersstufe die Schulung der allgemeinen Grundfähigkeiten im Vordergrund steht. Insbesondere im Primarbereich bis zur 4. Klasse, im Eltern-Kind-Turnen und im Familiensport ist der Sportunterricht daher sehr gut in Form von Erlebnislandschaften zu gestalten. Der Einsatz von Erlebnislandschaften umfasst somit Schule, Verein und Freizeit.

Einige der hier aufgezeigten Ideen entstanden im Integrationssport, wo es notwendig ist, Geräteaufbauten zu erfinden, die den unterschiedlichen Leistungsniveaus integrativer Gruppen entgegenkommen und allen Teilnehmern ein befriedigendes Bewegungserlebnis ermöglichen. Viele Aufbauten eignen sich auch problemlos für ältere Kinder und Jugendliche (z. B. Thema: „Rollen"). Im Rahmen einer eher fertigkeitsorientierten Sportstunde (z. B. das Thema: Bewegungsmöglichkeiten an der schiefen Ebene) dienen sie entweder der spielerischen Einführung oder um beim Beispiel zu bleiben, der Verbesserung der Rolle vorwärts.

1.2 Welche Ziele verfolgen wir?

Erlebnisstationen können im Schul- und Vereinssport unterschiedlich genutzt werden. So bieten sie sich beispielsweise:

- Als integrativer Bestandteil einer eher fertigkeitsorientierten Sportstunde,

- zur Schulung der allgemeinen motorischen Grundfähigkeiten,

- zur Schulung spezieller Fertigkeiten (z. B. Rolle vorwärts/Flugrolle an der schiefen Ebene),

- als „Bewegungsbaustelle", an der Kinder mit vom Lehrer/Übungsleiter zur Verfügung gestelltem Material selbständig planen und gestalten dürfen, an.

Je nachdem mit welchem Schwerpunkt Erlebnislandschaften im Rahmen einer Sport- und Bewegungsstunde eingesetzt werden, können die mit diesem Einsatz verfolgten Zielsetzungen differieren. Die nun folgende Auflistung bietet einen umfassenden Überblick über mögliche Zielsetzungen, die mit einem Turnen in Erlebnislandschaften verfolgt werden können.

Ziele des Turnens an Erlebnislandschaften:

- *Spaß und Freude an der Bewegung*

- *Offen gehaltenes Bewegungsangebot*

  - Vielfalt unterschiedlicher Bewegungsausführungen möglich,
  - selbständiges Finden von Bewegungsschwerpunkten.

- *Gezielte Bewegungsformen*

- *Schulung der motorischen Grundfähigkeiten*

  - Kriechen – krabbeln
  - gehen – laufen
  - balancieren – klettern
  - stützen – halten
  - hüpfen – springen

- hangeln – hängen
- schwingen – schaukeln
- rollen – wälzen
- werfen – fangen.

- *Erwerb und Festigung konditioneller Fähigkeiten*

  - Kraft, Ausdauer, Schnelligkeit, Beweglichkeit und Koordination.

- *Förderung der Kreativität und Phantasie*

  - Altbekannte Turngeräte erhalten eine neue Bedeutung (z. B. Barren = Hängebrücke),
  - Raum zum eigenen Bewegen und Gestalten (Erfolgserlebnisse),
  - Anregung zum freien Spiel.

- *Soziale Erfahrungen*

  - Einhaltung von Regeln,
  - gegenseitige Rücksichtnahme,
  - gegenseitige Hilfe- und Sicherheitsstellung,
  - Mitverantwortung,
  - Konfliktlösung.

- *Emotionale Erfahrungen*

  - Umgang mit Erfolgen und Misserfolgen,
  - Überwindung von Schwierigkeiten,
  - gemeinsames Tun / Gruppengefühl.

- *Erhöhung der Bewegungszeit*

  - Lange Wartezeiten werden vermieden.

- *Differenzierung*

  - Erlebnislandschaften ermöglichen Bewegungsvielfalt und damit eine Chance der Binnendifferenzierung,
  - Arbeiten in heterogenen Gruppen wird erleichtert (Altersheterogenität, Leistungsheterogenität, Integration von Behinderten).

1.3 Welche Regeln sind wichtig?

1.3.1 Regeln im Umgang mit Erlebnislandschaften

Das Turnen in Erlebnislandschaften beinhaltet neben Wagnis, Spannung und Freude ebenso Situationen der Unsicherheit und Angst. Die Erfahrung eigener körperlicher Fähigkeiten und Grenzen kann nur in einem Rahmen stattfinden, der frei von Zwang ist. Aufbauten, die Gefahrenelemente beinhalten, sollten daher niemals verpflichtend angeboten werden. Die Kinder müssen die Möglichkeit haben, sich frei zu entscheiden, welche Bewegungsformen sie sich zutrauen und welche nicht. Leichte Aufgabenstellungen oder Bewegungsmöglichkeiten können hingegen selbstverständlich von allen Kindern erwartet werden. Sie bieten sich darüber hinaus für das Erlernen bestimmter Fertigkeiten an. Der Erlebnisaspekt tritt dann in den Hintergrund.

Zu bedenken ist, dass alle Teilnehmer die Chance erhalten sollten, für sie als positiv erlebte Erfahrungen machen zu können. Das ist nur erreichbar, wenn individuelle Zielsetzungen und Leistungsmaßstäbe zugrunde gelegt werden. Differenzierungsmaßnahmen bezüglich des Schwierigkeitsniveaus und des Angebotes sowie die Möglichkeit individuelle Bewegungslösungen finden zu können, sollten gegeben sein. Ebenso muss der soziale Umgang in der Gruppe, mit der an Erlebnislandschaften geturnt werden soll, von einem einfühlsamen Umgang miteinander geprägt sein. Der Übungsleiter bzw. Lehrer ist an dieser Stelle besonders gefordert.

Zusammenfassend gelten folgende Regeln:

- Prinzip der Freiwilligkeit,

- individuelle Zielsetzungen und Bewertungsmaßstäbe sind wichtig,

- Differenzierung,

- vertrauensvolle Atmosphäre innerhalb der Gruppe,

- offene oder zielorientierte Bewegungsaufgabe.

1.3.2 Praktische Durchführung

Die praktische Umsetzung eines groß angelegten Stationsbetriebes scheitert in der Praxis häufig an den Befürchtungen seitens der Übungsleiter und Lehrer, dass durch den hohen Aufbauaufwand kaum noch Zeit zum Bewegen bleibt. Diese Befürchtungen sind sicherlich häufig gerechtfertigt. Dennoch sollten sie kein Grund dafür sein, auf die vielfältigen Möglichkeiten eines derartigen Turnens zu verzichten. Hier gilt es nach Lösungen zu suchen, den Aufwand durch gezielte Organisation zu verringern.

In der Schule empfiehlt es sich aus ökonomischen Gründen, Absprachen mit den Kollegen zu treffen. Ziel ist dabei, dass ein Aufbau in der Turnhalle von den unterschiedlichen Kollegen den ganzen Vormittag über genutzt wird. Die erste Klasse baut morgens auf und die letzte Klasse ab. Da ein Stationsbetrieb für unterschiedliche Altersstufen genutzt werden kann, steht durch derartige Absprachen den Kindern mehr Zeit für Bewegung zur Verfügung (Erhöhung der Bewegungszeit und Bewegungsintensität).

Zu Beginn der Stunde muss der Aufbau gemeinsam besprochen werden. Dabei gibt entweder der Lehrer/Übungsleiter seinen zuvor geplanten Aufbau bekannt oder erarbeitet ihn mit den Schülern/Teilnehmern gemeinsam. Anschließend werden die Schüler/Teilnehmer den einzelnen Stationen zugeordnet und bauen ihre jeweilige Station auf. Zu diesem Zweck ist es hilfreich den Gruppen eine Kopie derjenigen Station, die sie aufbauen sollen, in die Hand zu geben. Mit einer Schulklasse oder Übungsgruppe, die ein derartiges Vorgehen gewöhnt ist, minimiert sich die Aufbauzeit zunehmend. Zu erwähnen ist ebenfalls, dass auch der Aufbau an sich ein Ziel des Unterrichts bzw. der Übungsstunde ist.

1.3.3 Sicherheit geht vor

Gefahrenquellen:

- Mangelhafte Erwärmung,

- unzureichende Absicherung (kleine Matten sind zumeist ein limitierender Faktor bei der Stationsauswahl),

- Sturzgefahr,

- Zusammenstöße (hier gilt es zuvor entsprechende Verhaltensregeln zu vereinbaren),

• Stationsimmanente Gefahren (z. B. großes Trampolin).

Unfallverminderung durch:

• Berücksichtigung der oben genannten Gefahrenquellen,
• regelmäßige Kontrolle der Einzelgeräte auf Mängel,
• sachgerechter Aufbau jeder Station,
• stetige Überprüfung der aufgebauten Stationen,
• Absprache über optische oder akustische Signale, durch die der Übungsablauf unterbrochen werden kann.

Die Sicherung der einzelnen Stationen erfordert eine genaue Kenntnis über die wichtigsten Knoten. Nur so ist gewährleistet, dass ein Aufbau auch hohen Beanspruchungen standhält.

Die folgenden Knoten (BAUMANN/HUNDELOH 1996, S. 36 f.) sind leicht zu erlernen und vielfältig einsetzbar:

Palstek

Der Palstek ist einfach, stark und stabil. Er ist einer der bekanntesten und weit verbreitetsten Knoten. Er wird generell dazu benutzt, eine feste Schlaufe in das Ende eines Seils zu machen oder dazu, ein Seil an einem Gegenstand festzumachen.

Für den Palstek wird zunächst eine Schlaufe in die stehende Part eines Seils gemacht. Dann wird der Tampen durch das Auge hinter der stehenden Part vorbeigeführt und abschließend wieder zurück durch das Auge geführt. Aus Sicherheitsgründen sollte der

Palstek mit einem Stopperknoten abgeschlossen werden, um zu verhindern, dass er rutschen kann.

Die Vorteile des Knotens sind die, dass er nicht rutscht, lose wird oder verkantet sowie, dass er schnell und leicht geöffnet werden kann, selbst wenn das Seil unter Zug steht. Ein großer Nachteil liegt darin, dass er, wenn er mit einem steifen Seil gemacht wird, dafür anfällig ist, sich zu lockern, da sich das Seil nicht „zur Ruhe begeben" kann.

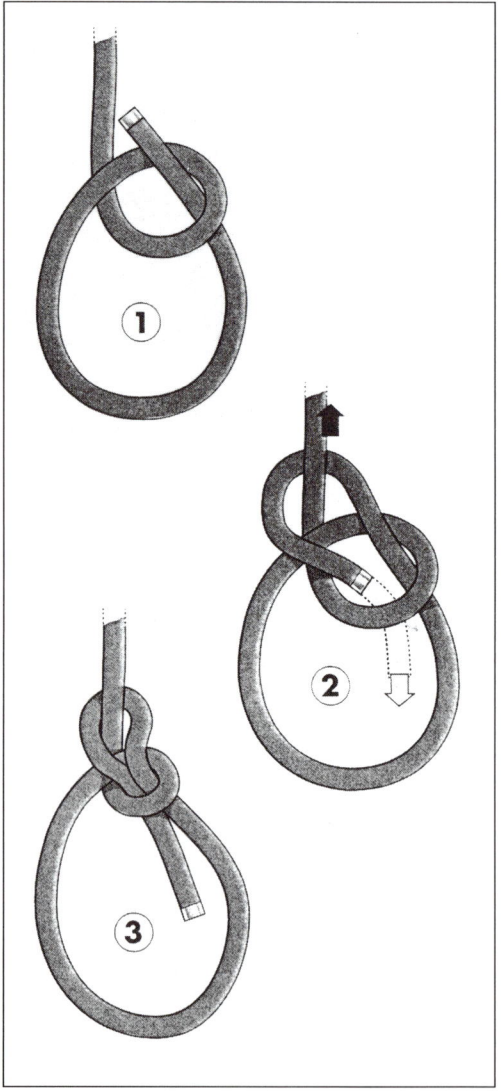

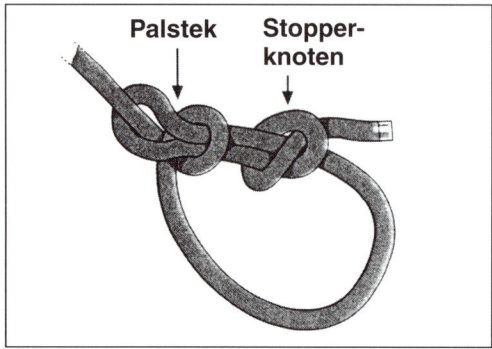

Palstek   Stopperknoten

Rundtörn und zwei Halbschläge

Dieser vielseitige Knoten kann immer zur Befestigung einer Schnur an einem Haken, einem Griff, einem Pfosten, einer Reling oder einem Balken verwendet werden. Er ist ein starker, zuverlässiger Knoten, der niemals verkantet.

Er hat den Vorteil, dass, wenn erst einmal das eine Ende mit einem Rundtörn und zwei halben Schlägen gesichert ist, man das andere Ende mit einem zweiten Knoten festmachen kann.

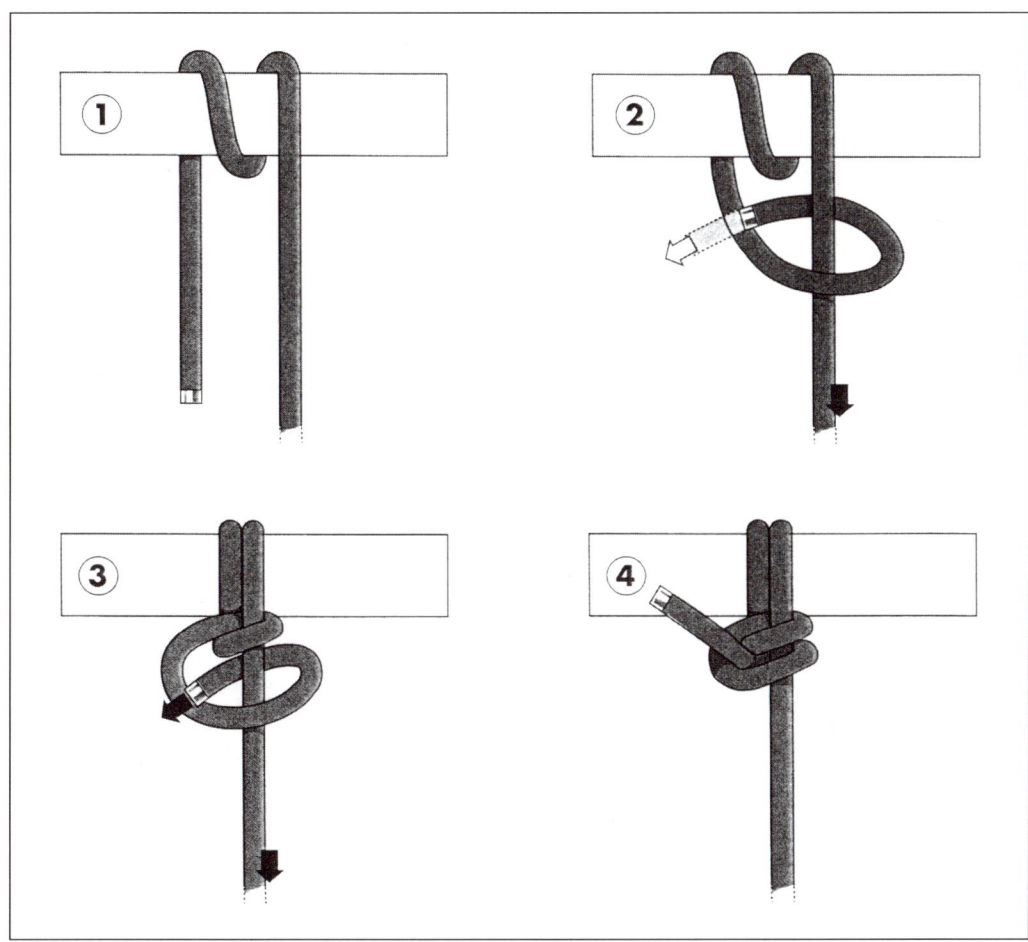

2 Sammlung von Praxisbeispielen

Die handskizzierten Zeichnungen in diesem Buch haben keinen Anspruch auf Genauigkeit bezüglich Größe und Proportion. Die Perspektive und Größe der einzelnen Darstellungen wurde, in Abhängigkeit von dem vorzustellenden Aufbau, bewusst verschieden gewählt. Dem Betrachter wird dadurch eine größere Lebendigkeit und höchstmögliche Anschaulichkeit geboten.

Jede der hier dargestellten Gerätearrangements wurde in der Praxis vielfach erprobt. Dennoch müssen unterschiedliche Gegebenheiten in den verschiedenen Sporthallen (z. B. andere Mattengrößen) den Benutzer dieser Skizzen immer wieder erneut zur kritischen Betrachtung des fertigen Aufbaus veranlassen. Gegebenenfalls ist die eigene Kreativität gefordert. Unter Berücksichtigung des Sicherheitsaspektes müssen möglicherweise Veränderungen vorgenommen werden.

2.1 Zur Legende:

* *Überschrift:*

  Die Namen zu den einzelnen Erlebnislandschaften beinhalten:

  – Ein mögliches Bewegungsangebot,

  – einen Einstieg in die Phantasie- und Abenteuerwelt,

  – einen hohen Aufforderungscharakter.

* *Zeichnung:*

  Die zwei- oder dreidimensionale Zeichnung:

  – beinhaltet eine möglichst klare, verständliche und genaue Betrachtungsmöglichkeit der Station,

  – verdeutlicht mögliche Abläufe des Bewegungsgeschehens an der Station,

  – gibt einen schnellen Überblick über alle benötigten Materialien.

* *Signatur:*

  Ein Blick auf die Männchen-Signatur gibt dem Benutzer einen schnellen Hinweis, über den schwerpunktmäßigen Einsatz dieser Erlebnisstation.

Der schwarz ausgemalte Kopf der „Männchen" bezeichnet jene Altersgruppe, für die dieser Aufbau/diese Station hauptsächlich geeignet ist.

 Aufbau geeignet für die 1- bis 3-jährigen Kinder

 Aufbau geeignet für die 4- bis 6-jährigen Kinder

 Aufbau geeignet für die 7- bis 99-jährigen Personen

Sind auf einer Signatur mehrere Männchen-Köpfe schwarz, bedeutet es, dass dieser Aufbau altersübergreifend genutzt werden kann:

Beispiel „Brücken":

 Aufbau geeignet für die 1- bis 99-jährigen Personen

Beispiel „Das Boot"

 Aufbau geeignet für die 4- bis 99-jährigen Personen

Beispiel „Heuhaufen"

 Aufbau geeignet für die 1- bis 6-jährigen Kinder

Für den Integrationssport gelten diese Angaben nicht, da hier individuelle Maßstäbe angesetzt werden müssen. Grundsätzlich sind alle Aufbauten für alle Altersgruppen geeignet. Dennoch gibt es Stationen, die von 1- bis 3-jährigen aufgrund der fehlenden Entwicklungsvoraussetzungen nicht oder nur eingeschränkt bewältigt werden können (z. B. Rodelbahn, Affenkäfig, Weitsprung). Andererseits gibt es Aufbauten, an denen sich 7- bis 99-jährige unterfordert fühlen (z. B. Ruderboot, Mattentunnel). Andere Stationen sind altersübergreifend attraktiv (z. B. Airtramp, großes Trampolin).

- *Trainingsbereich:*

  Jene Fähigkeiten, die bei dem betreffenden Aufbau in erster Linie geschult werden, sind am unteren Rand der Zeichnung dargestellt (klettern, rutschen, balancieren, kräftigen u. v. m.).

  Dieser Überblick ist sowohl bei der Planung einer Stunde hinsichtlich einer gezielten Fertigkeit als auch im Rahmen einer komplexen Fähigkeitsschulung hilfreich. Für eine Stunde mit vielfältiger Fähigkeitsschulung kann der Übungsleiter/Lehrer verschiedene Anregungen mit unterschiedlichen Bewegungsschwerpunkten auswählen und entsprechend der räumlichen Gegebenheiten zusammenstellen. Anzumerken ist, dass diese Hinweise keinen Absolutheitsanspruch haben. An den jeweiligen Stationen ist fast immer eine Vielzahl unterschiedlichster Erfahrungsbereiche angesprochen. Die Signatur kennzeichnet lediglich, welche spezifischen Möglichkeiten an der jeweiligen Station im Vordergrund stehen.

Darüber hinaus gibt es zu den einzelnen Zeichnungen zusätzliche Informationen bezüglich des benötigten Materials, der Sicherheit und weiterführenden Sport- und Spielmöglichkeiten.

- *Material:*

  Alle verwendbaren Materialien werden aufgezählt – bei schwierigen Aufbauten mit detaillierter Bauanleitung. Bei variablen Möglichkeiten werden die Alternativen aufgezeigt (z. B. Wippe: Sprungbretter oder Kastendeckel).

- *Sicherheit:*

  Allen Sportlehrern ist bewusst, dass es sich bei der Sicherheit um einen der wichtigsten Aspekte bei der Planung von Sportunterricht handelt. Bei stationsimmanenten Gefahrenquellen sind besondere Sicherheitshinweise vermerkt (z. B. Flussüberquerung: Quetschgefahr).

- *Sport- und Spielmöglichkeiten*

  Aus der Signatur am unteren Rand der Zeichnung ergeben sich schon zahlreiche Bewegungsideen von selbst.

  Weiterführende Ideen sind unter diesem Punkt auf manchen Zeichnungen erwähnt, um dem Sportlehrer neue Anregungen zu vermitteln (Bsp. Rollende Bank, Rollende Matte etc.)

2.2 Praxisbeispiele

Zur besseren Übersichtlichkeit sind die nun folgenden Beispiele alphabetisch geordnet.

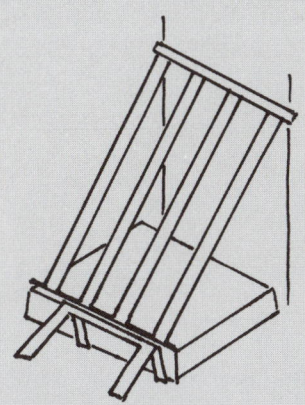

Affenkäfig

Kletterstangen schräg stellen und auf
1 Holzuntersetzbock stützen.
1 Weichboden quer unter die Stangen legen.

Sicherheit:

Der Bock lässt sich mit herkömmlichen
Matten nicht optimal abpolstern → Gefahr
der Verletzung am Bock (Hinweis an die
Kinder).
Bei Benutzung durch 1- bis 5-jährige Kids,
Eltern als Sicherheit.

Sport- und Spielmöglichkeiten

– Klettern auf allen Vieren an 2 Stangen
  gleichzeitig (oberhalb und unterhalb der
  Stangen),
– hangeln und schwingen an 2 Stangen
  gleichzeitig,
– hängen an 2 Stangen mit dem Rücken
  zur Wand → Rückwärtsrolle → Landung
  auf der Weichbodenmatte,
– hochklettern → Absprung auf Weichboden aus beliebiger Höhe (Wagnis).

Klettern, halten, schwingen, springen,
kräftigen, rollen, Wagnis

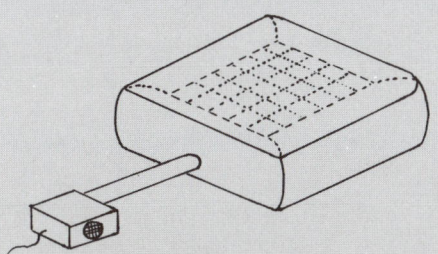

Airtramp

1 Luftkissen, Maße 10 × 10 m,
1 Kompressor,
1 Steckdose.

Sicherheit:

– Benutzung nur ohne feste Schuhe.
– Bei einem Airtramp ohne Seiten-
  begrenzung: alle 4 Seiten durch
  Erwachsene sichern (4 Personen).
– Begrenzung der Personenzahl auf dem
  Airtramp (evtl. Altersgruppierung).

Sport- und Spielmöglichkeiten

– Sprünge, Rollen, Luftrollen,
  Überschläge.
– Fangspiele.
– Eltern-Kind-Integration: Kind sitzt auf
  dem Rand, Elternteil wippt das Kind an
  den Beinen festhaltend in die Höhe;
  Kind muss Gleichgewicht halten und
  Körperspannung entwickeln.

Fliegen, springen, rollen, laufen,
Gleichgewicht

Badminton

Schläger,
Netze,
Ständer,
Bälle.

Feinmotorik, Antizipation, Ballgefühl

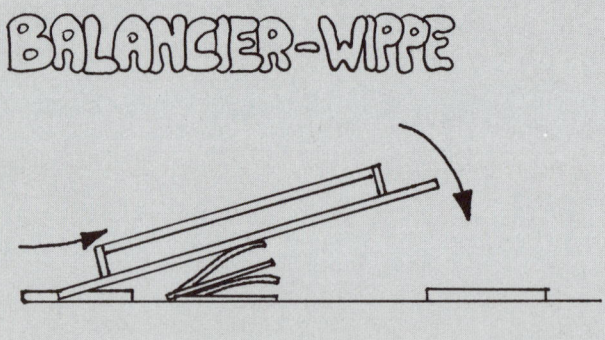

Balancier-Wippe

1 Bank, umgedreht,
1–2 stoffbespannte
Sprungbretter
oder 1 Kastendeckel,
2 Matten.

Sicherheit:

1 Erwachsener gibt
Hilfestellung (Handfassung
und Oberarmgriff) oder
Sicherheitsstellung beim
Hinüberbalancieren.
Hinweis an wartende
Kinder: Abstand halten von
der Bank, da es einen Rück-
schlageffekt der Bank im
Kipppunkt gibt.

Balancieren, Körperspannung,
Reaktionsschnelligkeit, Antizipation,
Wagnis

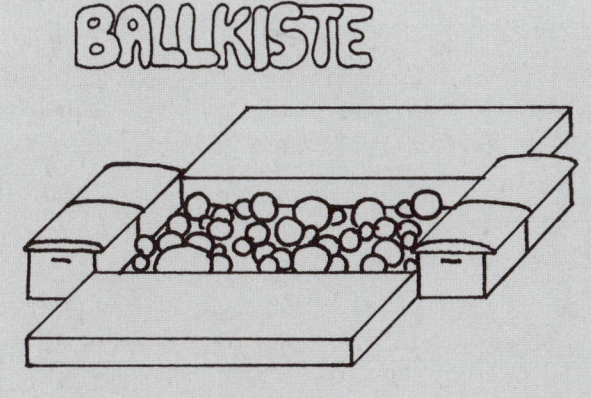

Ballkiste

2 Weichböden,
4 kleine Kästen.
Diverse Bälle.

Krabbeln, Ballgefühl, Sinnesschulung

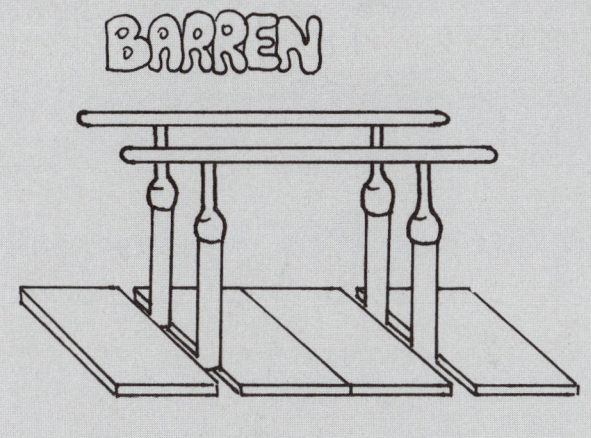

Barren

1 Barren, Holme auf
gleicher Höhe,
4 Matten.

**Sport- und
Spielmöglichkeiten**
– Schwingen,
– stützen, entlangstützeln,
– auf allen Vieren
  überqueren,
– entlanghangeln,
– hängend entlangziehen
  an den Holmen,
– kopfüber schaukeln
  (Kniekehlen eingehängt).

Klettern, halten, schwingen, stützen,
kräftigen

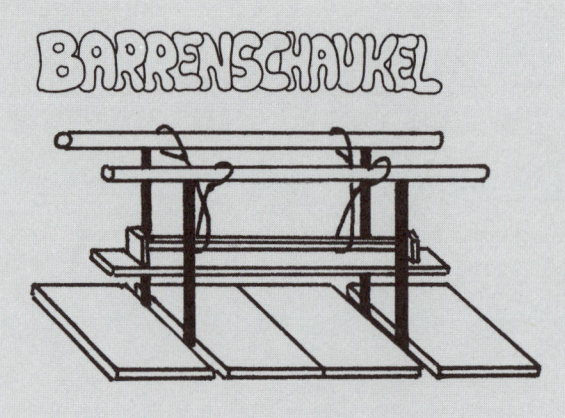

Barrenschaukel

1 Barren (Holme auf
gleicher Höhe).
1 Bank (umgedreht in den
Barren gehängt).
2 Springseile (zum
Befestigen der Bank
an den Holmen) Knoten
(Palstek).

Sicherheit:

Hinweis an die Kinder:
Quetschgefahr zwischen
den senkrechten Barren-
ständern und der frei
schwingenden Bank
(– Sitzen nur in der Mitte).

Balancieren, stützen, schwingen

Basketball

Basketballkorb,
Basketbälle.

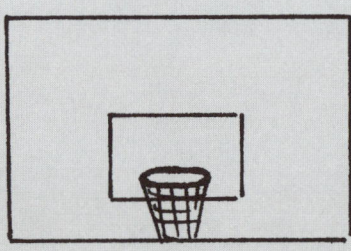

Werfen, fangen, antizipieren,
Differenzierungsfähigkeit

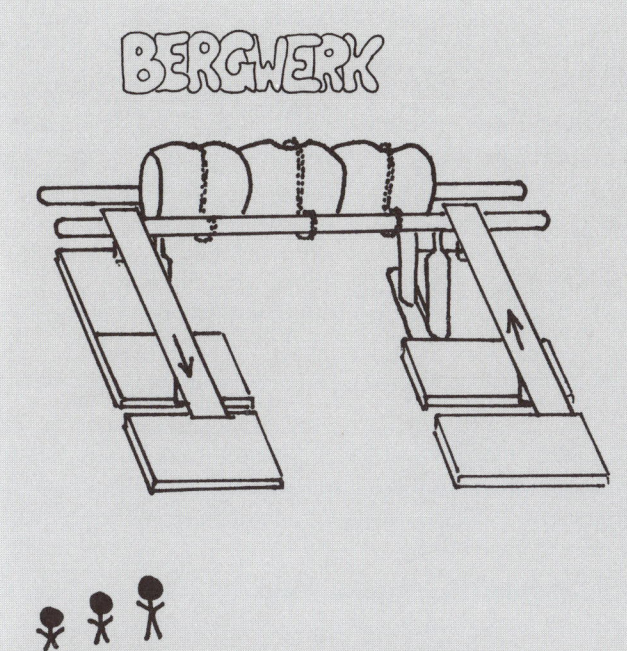

Bergwerk

1 Barren, Holme auf gleicher Höhe, 2 Bänke, 3 Tonnen, ca. 6 Matten, 3–6 Springseile (Palstek oder Rundtörn).

Sicherheit
Bei 1- bis 3-jährigen Kindern begleiten 2 Erwachsene die Kinder durch aktive Hilfestellung und akustische Hinweise.

Sport- und Spielmöglichkeiten
– Bänke hochlaufen, hinunterlaufen, Tonnen durchkriechen,
– Bänke hochkrabbeln, hinunterrutschen (Positz),
– Bänke auf dem Bauch hochziehen, auf Bauch hinunterrutschen.

Klettern, rutschen, kriechen, halten, Wagnis

Berliner Mauer

3 Weichböden (die senkrechten Weichböden auf die Längskante stellen), 2 große Kästen, 1 kleiner Kasten, 7 Matten, (1–2 Springseile).

Sicherheit
Bei Benutzung dieser Anlage durch 3- bis 6-jährige Kinder Sicherheitsstellung durch Erwachsene an den Seiten der Mauer.

Klettern, rutschen, kriechen, halten, Wagnis

Bewegungsbaustelle

„Materialreste", die an den anderen Stationen nicht verbraucht wurden: Matten, Schwungtuch, Seile, Bälle, Hütchen, große und kleine Kästen, Bänke, Sprungbretter, Malstangen, Tonnen, Holzböcke, Mattenwagen, etc.

Sicherheit
1 ÜL kontrolliert den Aufbau bezüglich Gefahrenquellen.

Autonomes Handeln, Kreativität, Erlebnis, weitere Funktionen je nach Art des Aufbaus

Bockspringen

3–4 Böcke,
2–3 kleine Kästen,
1 Sprungbrett,
1 Matte.

Sicherheit
Hilfestellung Oberarmgriff oder Sicherheitsstellung durch je 1 Erwachsenen.

Springen, klettern, kräftigen

Bodenbahn

1 ausrollbare
Bodenturnbahn oder
3–6 Matten.

Sicherheit
Je nach Übungselement.

**Sport- und
Spielmöglichkeiten**
a) freier Übungsbetrieb,
b) zielorientierter
   Übungsbetrieb.

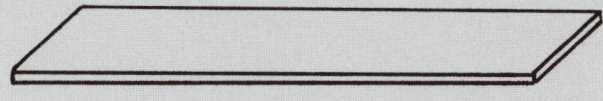

Laufen, springen, stützen, rollen

Brücken

2 Bänke,
2 kleine Kästen,
2 Reckstangen.

Sicherheit
Hand- und Oberarmgriff bei
1- bis 5-jährigen Kindern.

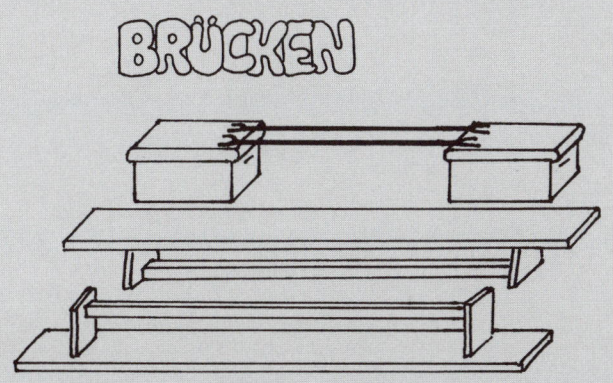

Balancieren

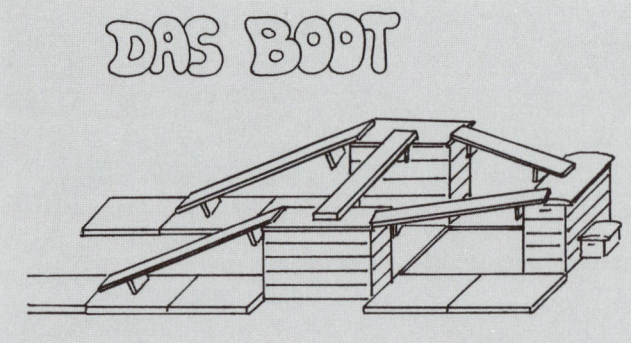

Das Boot

3 große Kästen,
5 Bänke,
1 kleiner Kasten,
~10 Matten.

Sicherheit

Bei Benutzung durch 1- bis
5-jährige Kinder begleiten
Eltern sie auf dem Weg.

Klettern, balancieren, rutschen, Wagnis

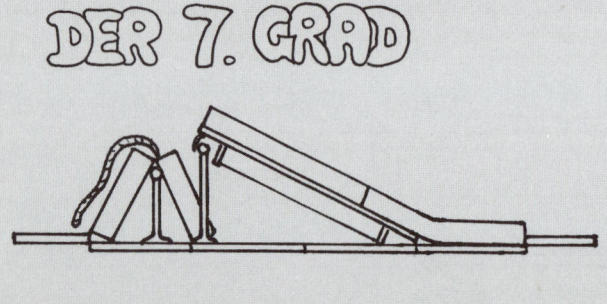

Der 7. Grad

1 Barren (stufig gestellt),
3 Bänke (am oberen Holm
des Barrens einhängen),
2 Weichböden (längs auf die
Bänke legen),
4 Springseile (zur Befestigung der Weichböden
untereinander und am
Barren), max. 10 Matten
(zur Absicherung der
Anlage ringsherum legen),
1 faltbarer Weichboden
(über den niedrigen Holm
geklappt).
2 Springseile (zum Hoch-
klettern am gefalteten
Weichboden)

Sicherheit

2 Elternteile sichern die
Anlage zu beiden Seiten bei
Benutzung durch 1- bis
5-jährige Kinder.

Halten, klettern, rollen, springen

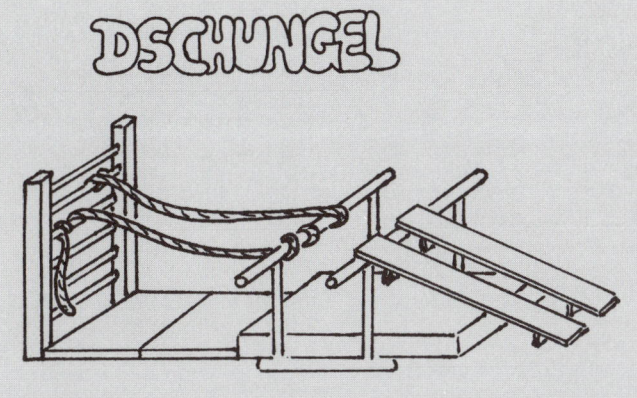

Dschungel

1 Barren,
2 Bänke,
1 Sprossenwand,
1 Ziehtau,
1 Weichboden,
2 Matten.

Klettern, balancieren, halten,
hangeln, rutschen, kräftigen, Wagnis,
Gleichgewichtssinn

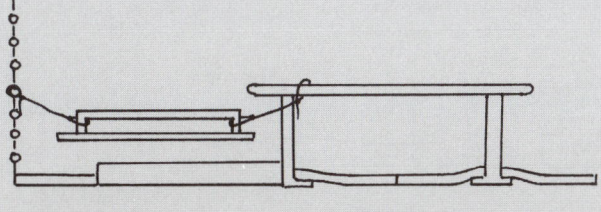

Flussüberquerung

1 Barren,
1 Bank,
1 Weichboden,
4 Matten,
2–3 Springseile (zum
Befestigen der Bank
zwischen Barren und
Sprossenwand).

Sicherheit

– Hilfestellung/Sicherheits-
  stellung für 1- bis 6-jährige
  Kinder durch 1 Elternteil.
– Bank muss frei hängen,
  Kontakt zur Sprossen-
  wand oder Barren muss
  ausgeschlossen sein
  (Quetschgefahr).

Stützen, balancieren, klettern, halten,
Wagnis

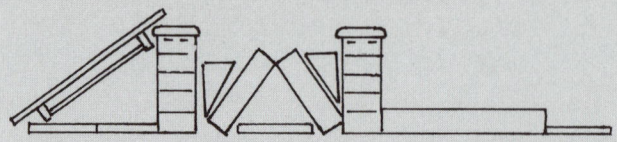

Gletscherspalte

2 große Kästen,
1 faltbarer Weichboden,
1 einteiliger Weichboden,
1–2 Bänke,
2 Keilmatten,
5 Matten.

Sicherheit
Bei Benutzung durch 1- bis
5-jährige Kinder stehen
2 Elternteile jeweils seitlich
zur Sicherung.

Klettern, balancieren, halten, springen

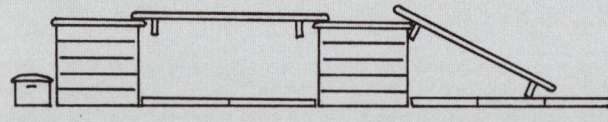

Golden Gate Bridge

2 große Kästen,
1 kleiner Kasten,
2 Bänke,
5 Matten.

Sicherheit
Bei Benutzung durch 1- bis
5-jährige Kinder: Eltern
begleiten die 1- bis
5-jährigen Kinder auf dem
Weg.

Klettern, balancieren, rutschen, Wagnis

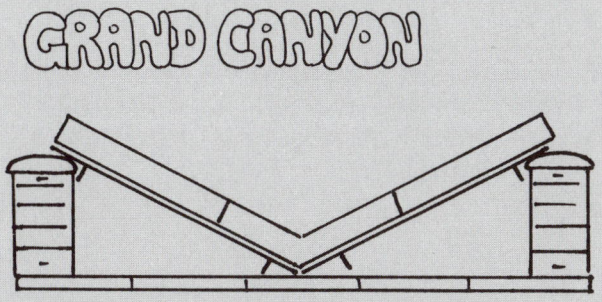

Grand Canyon

2 große Kästen,
6 Bänke,
3 Weichböden,
8–10 Matten.

Sicherheit
Bei Benutzung durch
1- bis 5-jährige Kinder
Absicherung der hohen
Seiten durch 4 Elternteile.

Laufen, springen, klettern, rollen, krabbeln

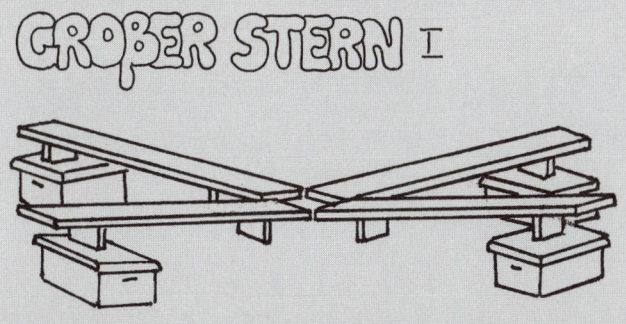

Großer Stern I

4 kleine Kästen,
4 Bänke,
(Matten – nach Bedarf).

Balancieren, klettern, Arme kräftigen,
rutschen

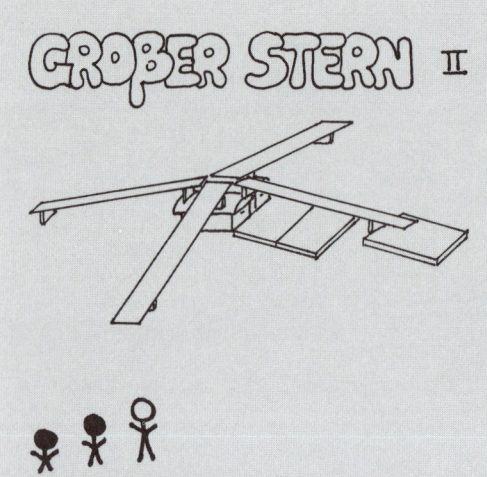

Großer Stern II

4 Bänke,
2 kleine Kästen,
(Matten – nach Bedarf).

Klettern, balancieren, rutschen,
Arme kräftigen

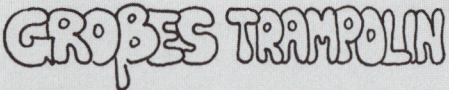

Großes Trampolin

2 große Kästen, 2 Weichböden, 1 großes
Trampolin, 1 kleiner Kasten (zum Hinaufklettern).

Sicherheit
- 4 Personen sichern die beiden offenen
  Seiten des Trampolins.
- Bei Mangel an Sicherungskräften kann
  eine offene Seite durch einen weiteren
  großen Kasten und eine Weichboden-
  matte gesichert werden.
- Benutzung nur ohne festes Schuhwerk,
  Benutzung *nicht* barfuß (Zehen-
  verletzung).
- Akrobatische Sprünge *gut* sichern (WS-
  Verletzungsgefahr!).

Sport- und Spielmöglichkeiten
- Diverse Sprünge, Rollen
  (→ siehe Literatur ...).
- Rodeo: 1 Person sitzt auf der Spitze
  einer Keilmatte auf dem Trampolin.
  1 andere Person springt, bis der Reiter
  vom „Pferd" = Keilmatte fällt.
- 2 Personen springen auf je einer
  Trampolinseite (abwechselnd),
  → Zuwurf eines Balles.

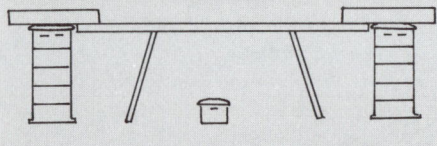

Springen, rollen, Gleichgewicht

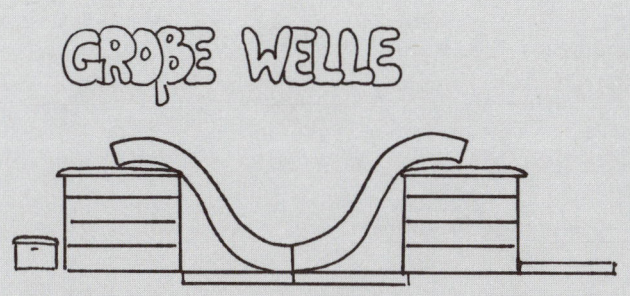

Große Welle

2 große Kästen,
2 Weichböden,
1 kleiner Kasten,
5 Matten,
2–4 Springseile (zum
Befestigen der Weichböden
am Kasten).

Sicherheit
Bei Benutzung durch
1- bis 5-jährige Kinder
Absicherung der hohen
Seiten durch 4 Erwachsene.

Klettern, rollen, krabbeln, springen

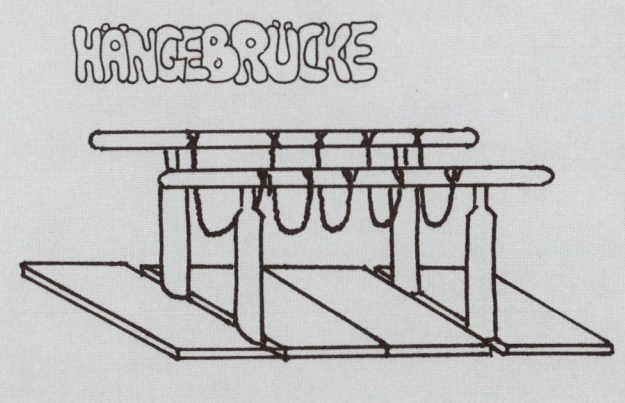

Hängebrücke

1 Barren,
5–6 Springseile (Rundtörn),
4 Matten.

Klettern, balancieren, schaukeln, halten,
stützen

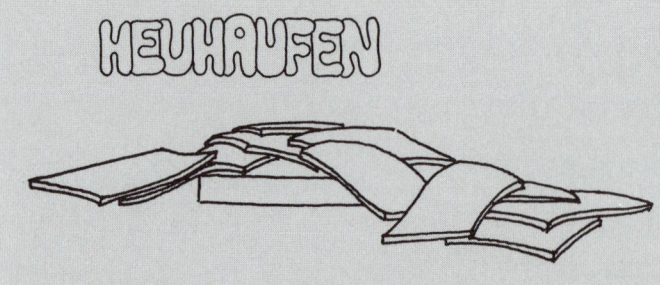

Heuhaufen

Diverse Matten,
Weichböden

Krabbeln, laufen, springen,
Geschicklichkeit

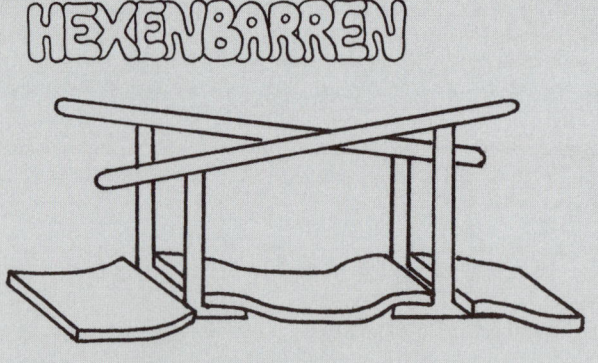

Hexenbarren

1 Barren, Holme über Kreuz
verschieden hoch gestellt,
3–4 Matten.

Klettern, balancieren, halten, kräftigen,
schaukeln

30

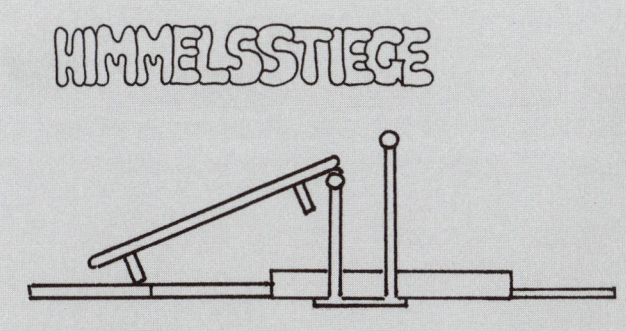

Himmelsstiege

1 Barren (stufig gestellt),
1–2 Bänke (am niedrigen
Holm eingehängt),
1 Weichboden (unter den
Barren gelegt),
3 Matten.

Klettern, hängen, springen, stützen

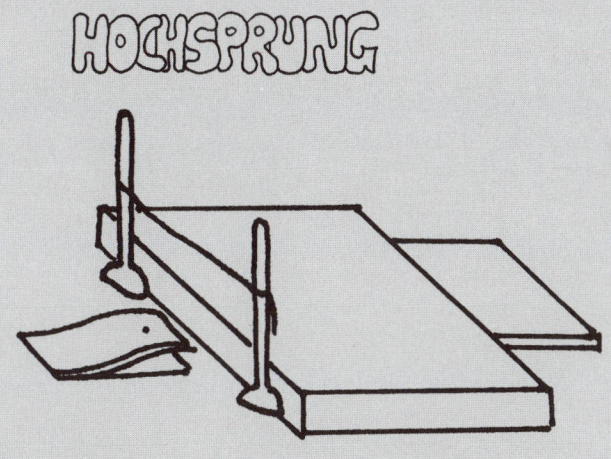

Hochsprung

1 Rheuterbrett,
2 Malstangen,
1 Springseil,
1 Weichboden,
1 Matte.

Sicherheit
Bei Benutzung dieser
Anlage durch größere
Personen: Veränderung
des Aufbaus, indem die
Fallhöhe reduziert wird.
(Bsp.: 3 Bänke unter den
Weichböden.)

Springen, antizipieren

Höhle – Bewegungsbaustelle

– Diverse Klein- und Großgeräte frei von den Kindern kombinieren lassen (z. B. kleine Kästen, große Kästen, blaue Tonnen, Malstangen, Hütchen ...).
– Alles überdecken mit einem großen bunten Schwungtuch.

Sicherheit
ÜL überprüft den Aufbau bezüglich Gefahrenquellen.

Bauen, kriechen, Kreativität, Erlebnis, autonomes Handeln

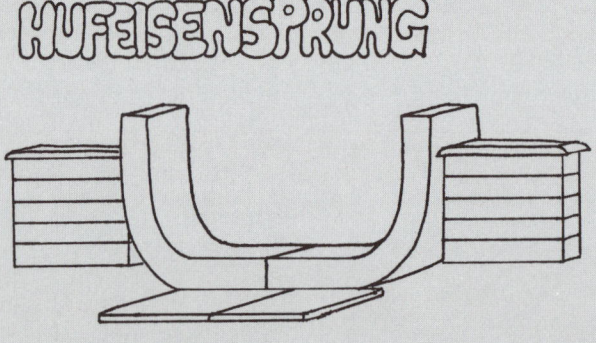

Hufeisensprung

2 große Kasten, (1 kleiner Kasten) zum Hinaufklettern auf den großen Kasten, 2 Weichböden, 4 Matten.

Sicherheit
Bei Benutzung durch 1- bis 5-jährige, 2 Eltern.

Klettern, springen, halten, rutschen

„Ikea"-Ballkiste

2 Bänke oder 1 Bank,
1 Hallenwand (zur Begrenzung) oder 1 Hallenecke,
diverse Bälle verschiedener
Größe.

Sicherheit

Falls genügend Matten
vorhanden sind, können die
Bänke damit abgedeckt
werden (Absicherung der
harten Kanten bei Benutzung durch 1- bis
3-jährige Kinder).

Freies Spiel, Ballgefühl, Sensomotorik

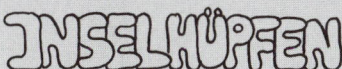

Inselhüpfen

3–6 kleine Kästen,
4–7 Matten (wenn
vorhanden).

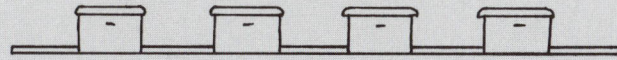

Springen, balancieren, laufen, klettern

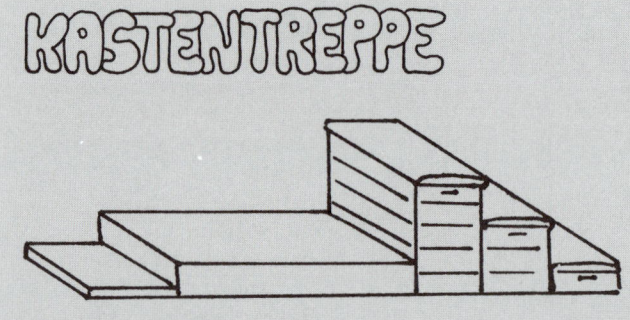

Kastentreppe

3 große Kästen (in
ansteigender Höhe),
1 Weichboden,
1 Matte.

Klettern, springen

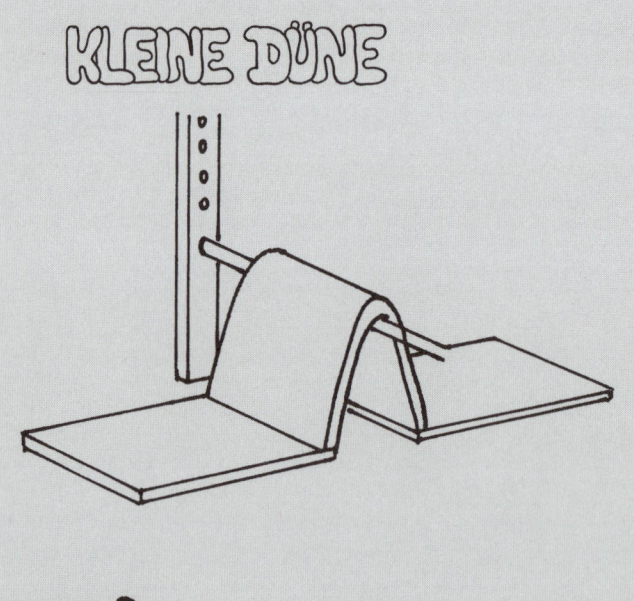

Kleine Düne

1 Reckanlage mit
1 Reckstange
(Höhe ca. 60–80 cm),
3 Matten.

Klettern, stützen, rollen

Kletterwand

Sprossenwand,
1 Weichboden (hochkant an
die Sprossenwand gelehnt),
1 kleiner Kasten,
1 Matte,
2 Springseile (zur
Befestigung der Matte an
der Sprossenwand),
1 Ziehtau oder 2–3
Springseile (als Kletterhilfe
oberhalb der Kletterwand –
obere Sprosse von
der Sprossenwand –
befestigen).

Halten, klettern, kräftigen, Wagnis

Krokodilsgraben I

6 Klettertaue,
2 Bänke.

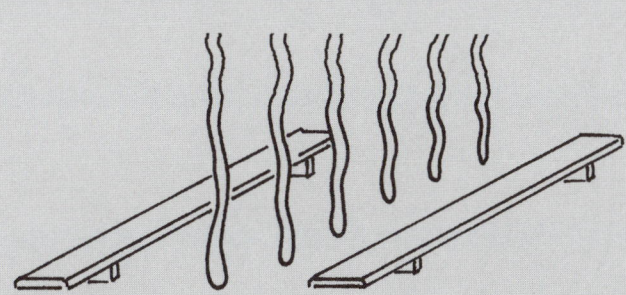

Halten, schwingen, klettern, balancieren

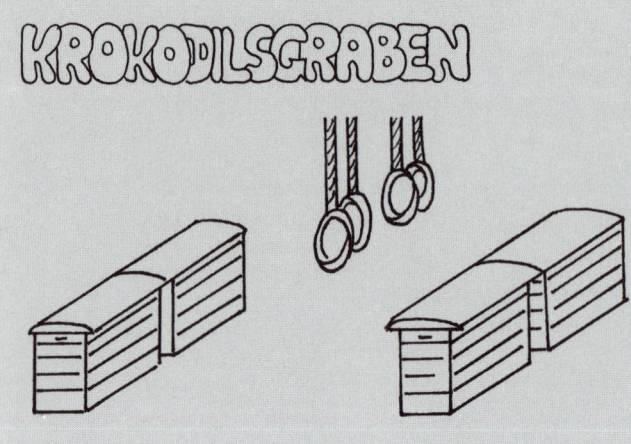

Krokodilsgraben II

4 große Kästen
(oder Pferd oder Bock),
2 Paar Schaukelringe.

Halten, schwingen, balancieren, Wagnis

Mattenschaukel

1 Matte,
3 Reifen.

Schaukeln, rollen, krabbeln,
Gleichgewichtssinn

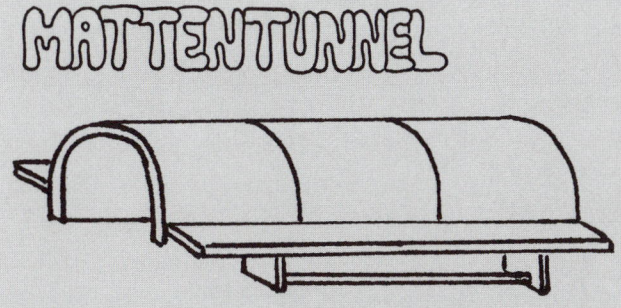

Mattentunnel

2 Bänke,
3 Matten,
2 Springseile (als Ver-
bindung zwischen den
Bänken, damit sie nicht
auseinander gedrückt
werden).

Kriechen, freies Spiel, Wagnis

Mini-Basketball

3 große Kästen (an-
steigender Höhe) oder
2 große Kästen,
1 kleiner Kasten,
1 Basketball,
1 Basketballkorb
(evtl. Matten).

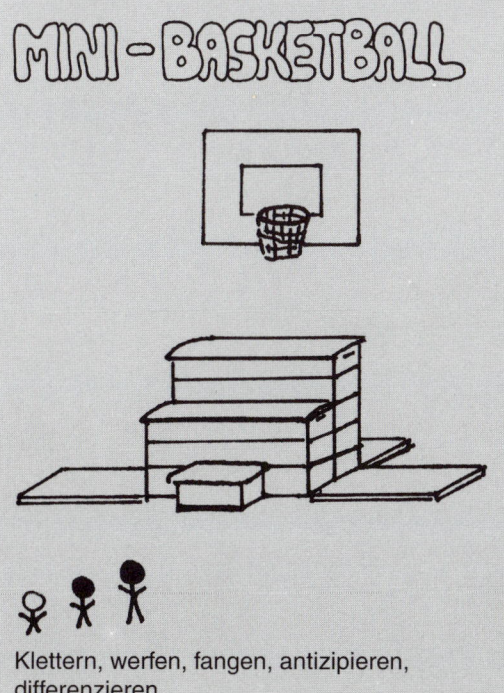

Klettern, werfen, fangen, antizipieren,
differenzieren

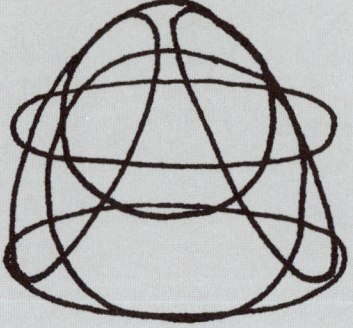

Molekül

6 Reifen, die sich gegenseitig stützen und ein kugelförmiges Gebilde darstellen.

Aufbau:

Sport- und Spielmöglichkeit

Hindurchkriechen, ohne dass das Gebilde zusammenfällt.

Kriechen, Geschicklichkeit

Mount Everest

1 Pferd,
1 faltbarer Weichboden
(evtl. 1 Kastendeckel),
2 Matten,
2 Springseile (zum Hochziehen, an den Haltegriffen der Weichbodenmatte zu befestigen).

Halten, klettern, kräftigen, rutschen

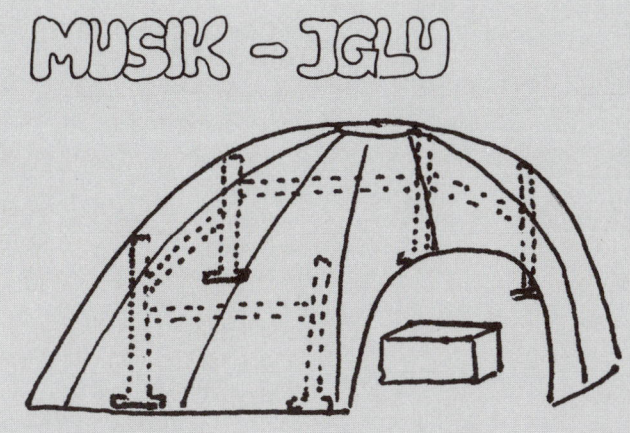

Musik-Iglu

Malstangen,
große Kästen (oder
andere große Geräte),
Schwungtuch,
Kiste mit Musikinstrumenten
(Klanghölzer, Tambourin,
Schellenkränze, Triangel,
Rasseln, Holzblock-
trommeln ...).

Kriechen, Feinmotorik, Rhythmik, Erlebnis

Musik-Kreis

1 Ziehtau (zur Begrenzung),
1 Kiste mit Musik-
instrumenten (Klanghölzer,
Tambourin, Schellenkränze,
Triangeln, Rasseln,
Holzblocktrommeln ...).

Rhythmusgefühl, Kreativität, Feinmotorik

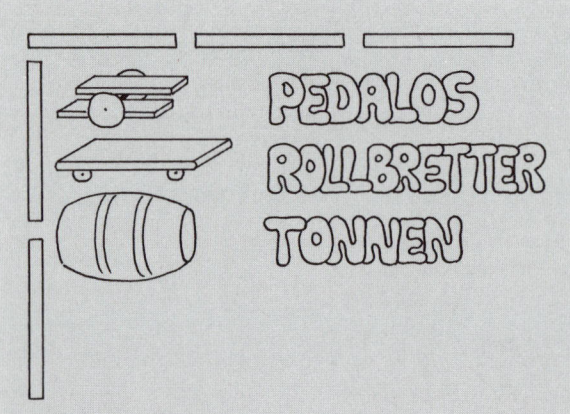

Pedalos, Rollbretter, Tonnen

Diverses Jonglier- und Balanciermaterial:

Pedalos,
Rollbretter,
Tonnen,
Stelzen,
Balancierrollen,
Balancierbälle,
Jonglierteller,
Jonglierbälle,
Jonglierkeulen.

Balancieren, rollen, Gleichgewichtssinn, freies Spiel

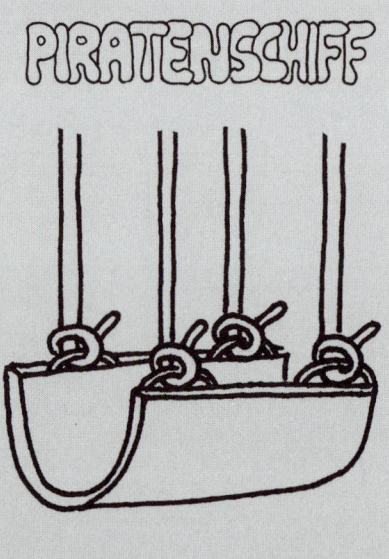

Piratenschiff

4 Klettertaue,
1 Matte.

Befestigung
Jedes Tau durch eine Handschlaufe der Matte fädeln und festknoten.

Halten, schaukeln, Gleichgewichtssinn

Planwagen

2 Rollbretter,
1 Kastendeckel,
1 Matte,
1 Springseil (zum Ziehen).

Freies Spiel, Erlebnis

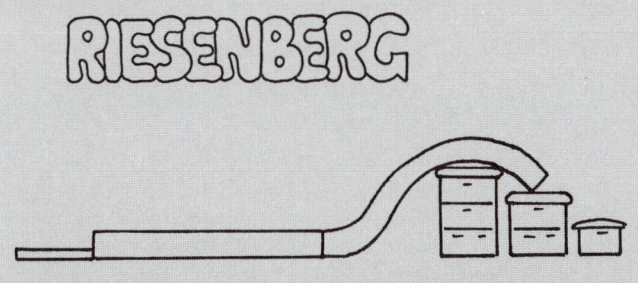

Riesenberg

3 Kästen ansteigender
Höhe,
2 Weichböden,
1 Matte,
4 Springseile (zum
Befestigen der Matten
untereinander und am
Kasten).

Klettern, springen, rollen

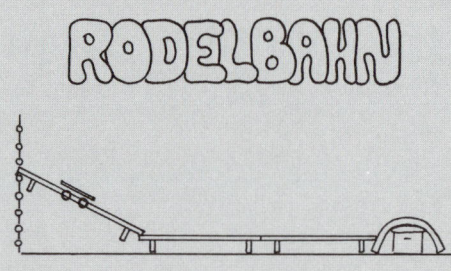

Rodelbahn

3–4 Bänke,
1 Spezialrollbrett
(das auf den Bänken rollt),
1 kleiner Kasten,
1 Matte.

Sicherheit

– 1 Erwachsener überwacht den Betrieb
  auf der Rollbahn und assistiert beim
  Start und evtl. Landung, gibt Sicherheitsstellung (Oberarmgriff, Kontakt zum
  Rollbrett).
– Seitliche Abgrenzung dieses Aufbaus
  durch Zäune oder Hütchen ist
  empfehlenswert (Gefahr, dass jemand
  auf den Bänken sitzt/balanciert etc.
  während des Rollbetriebes).
  Insbesondere im Familiensport: Gefahr
  für 1- bis 3-jährige Kinder!!!
– Lückenlosen Aufbau der Bänke
  überprüfen!

Halten, Körperspannung, Wagnis, Erlebnis

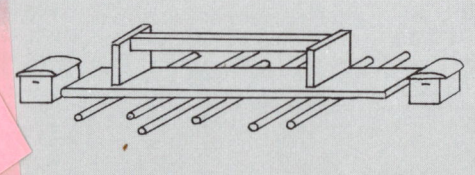

Rollende Bank

2 kleine Kästen,
1 umgedrehte Bank,
8–15 Gymnastikstäbe.

Sicherheit

Benutzung im Sitzen: 1- bis 3-jährige,
4- bis 6-jährige, Benutzung durch
Balancieren: 7- bis 99-jährige (Sicherheitsstellung!).

Sport- und Spielmöglichkeit

1 Person bewegt die Bank, auf der andere
sitzen.
1 Person balanciert allein auf der
rollenden Bank von einem Ende zum
anderen Ende.

Halten, balancieren, Gleichgewicht

Rollende Matte

1 Weichboden,
5 Rollbretter.

Sport- und Spielmöglichkeit

– Mehrere Personen
  schieben die Matte
  innerhalb einer
  markierten/festgelegten
  Zone hin und her,
  während andere darauf
  sitzen oder liegen.
– Karussellbetrieb.

Freies Spiel, Phantasie, Kreativität

Ruderboot

1 Kastenteil,
4 Gymnastikstäbe oder
Keulen,
4 Springseile (zum
Befestigen der Stäbe
am Kasten).

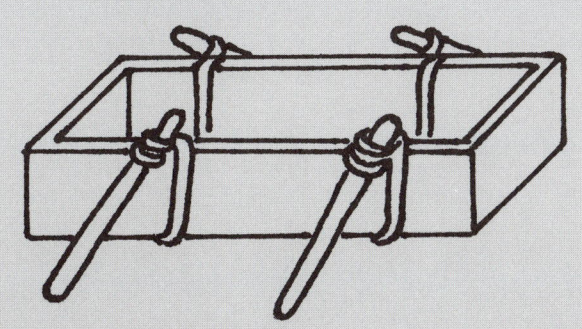

Freies Spiel, Phantasie

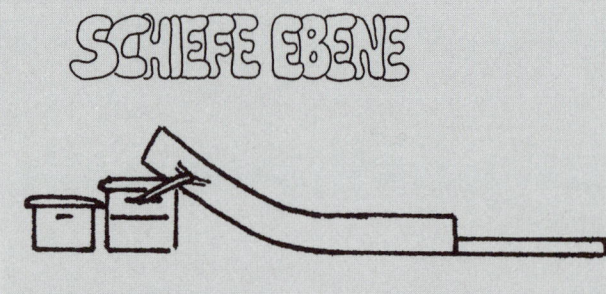

Schiefe Ebene I – an kleinen Kästen

1 kleiner Kasten,
1 großer Kasten
(2 Kastenteile),
1 Weichboden,
1 Matte,
2 Springseile (zum
Befestigen des Weich-
bodens).

Klettern, rollen, krabbeln, springen

Schiefe Ebene II – am Kasten

2 große Kästen,
3–4 Bänke,
2–3 Weichböden,
6–10 Matten.

Sicherheit
Bei Benutzung durch
1- bis 5-jährige Kinder
→ Sicherheitsstellung
durch 2 Erwachsene an
den hohen Seiten.

Klettern, halten, krabbeln, rollen, laufen

Schiefe Ebene III –
am Stufenbarren

1 Stufenbarren,
4–5 Bänke,
2–3 Weichböden,
8–10 Matten,
4 Springseile (zum
Befestigen der Weich-
böden).

Sicherheit
Bei Benutzung durch
1- bis 5-jährige Kinder
→ Sicherheitsstellung
durch 2 Erwachsene an
den hohen Seiten.

Rollen, klettern, balancieren, krabbeln,
springen

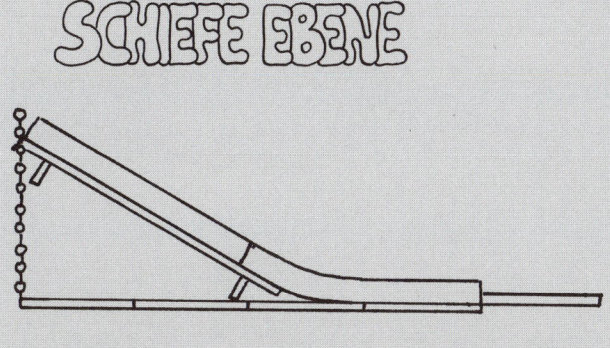

Schiefe Ebene IV –
an der Sprossenwand

3 Bänke,
1 Sprossenwand,
2 Weichböden,
~7 Matten.

Sicherheit
Bei Benutzung durch
1- bis 5-jährige Kinder
→ Sicherheitsstellung
durch 2 Erwachsene an
den hohen Seiten.

Klettern, rollen, springen, krabbeln, laufen

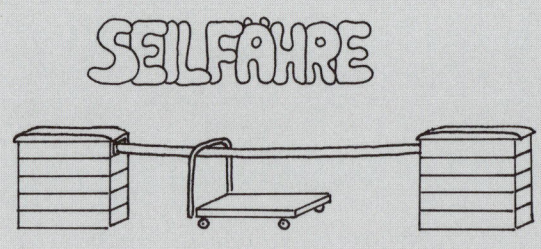

Seilfähre

2 große Kästen,
1 Ziehtau,
1 Mattenwagen mit 1 Matte.

Sport- und Spielmöglichkeit

Mehrere Kinder/Erwachsene sitzen
auf dem Mattenwagen = Fähre und
ziehen sich an dem Tau von einer
Anlegestelle zur anderen.

Kräftigung, freies Spiel, Interaktion von
Kindern und Erwachsenen

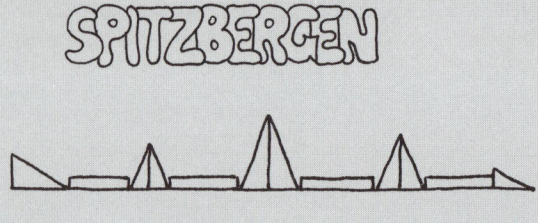

Spitzbergen

Diverse Keilmatten ⎫ beliebig
Diverse Matten ⎭ kombinieren.

Laufen, klettern, halten, kräftigen, rollen

46

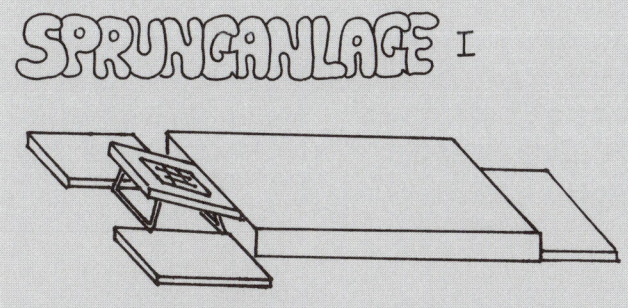

Sprunganlage I

1 Minitrampolin
– für 1- bis 6-jährige Kinder
  mit Neigung zum Weich-
  boden,
– für 7- bis 99-jährige mit
  Steigung zum Weich-
  boden,
1 Weichboden,
1–3 Matten.

Sicherheit
1 Erwachsener seitlich
neben dem Minitrampolin.

Springen, rollen, fliegen, Gleichgewicht

Sprunganlage II

1 Minitrampolin,
1 Kasten (je nach Alter/
  Größe der Kinder
  reduziert),
1 Weichboden,
1 Matte.

Sicherheit
1 Erwachsener neben
dem Minitrampolin.

Springen, fliegen

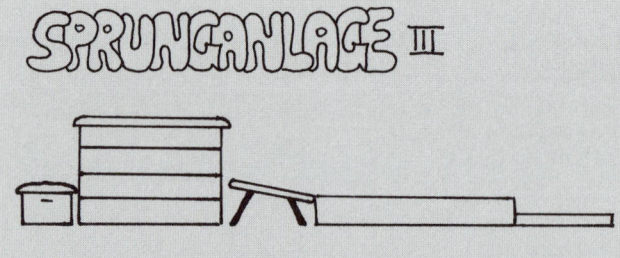

Sprunganlage III

1 kleiner Kasten,
1 großer Kasten (evtl.
   reduziert um 1–3 Teile),
1 Minitramp (mit Neigung
   zum Weichboden),
1 Weichboden,
1 Matte.

Sicherheit
1 Erwachsener neben dem
Minitramp.

Klettern, springen, rollen, fliegen

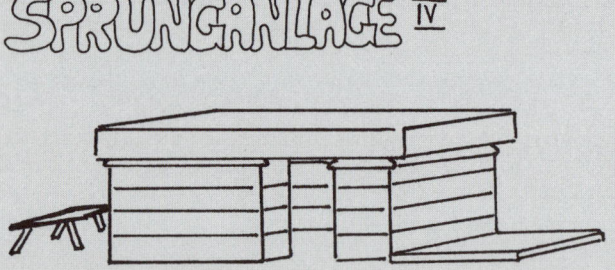

Sprunganlage IV

1 Minitrampolin,
3 große Kästen (in U-Form
   aufgestellt)
   Anzahl der Kastenteile
   $\widehat{=}$ Größe/Alter der Kinder:
   1- bis 3-jährige
   = 2 Kastenteile,
   3- bis 6-jährige
   = 3–4 Kastenteile,
   7- bis 99-jährige
   = 4–5 Kastenteile.
1 Weichboden (oben auf die
   Kästen legen),
1 Matte.

Sicherheit
1 Erwachsener seitlich
neben dem Minitramp.

Springen, rollen, fliegen

Sprungschanze

3 Bänke,
5 Matten.

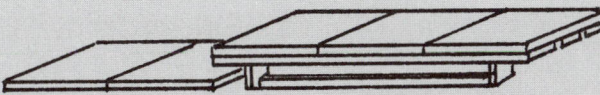

Springen, rollen, stützen

Sprungturm

3 große Kästen (einer
  davon besonders hoch),
1 Minitrampolin,
1 Weichboden,
1 Matte (auf den niedrigen
  Kästen),
1 Matte (hinter dem Weichboden).

Sicherheit
1 Erwachsener neben dem
Minitramp.

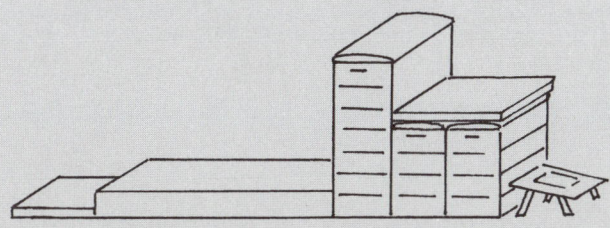

Klettern, springen, fliegen, Wagnis, Erlebnis

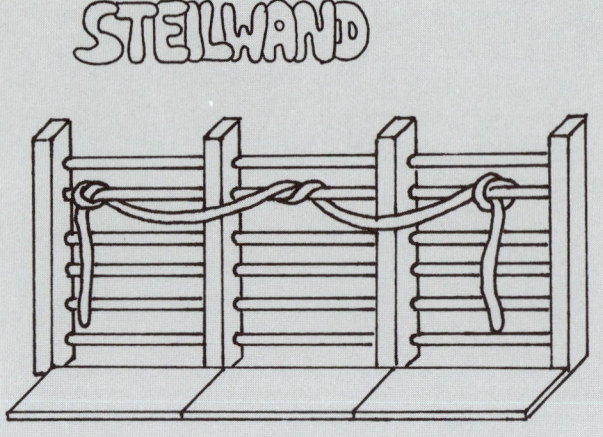

Steilwand

Sprossenwand,
Ziehtau.

Spielmöglichkeit

– „Überwinde die Steilwand, ohne den Boden zu berühren."
– Wie oben, aber per Stoppuhr Zeit nehmen.

Klettern, halten, kräftigen, Wagnis

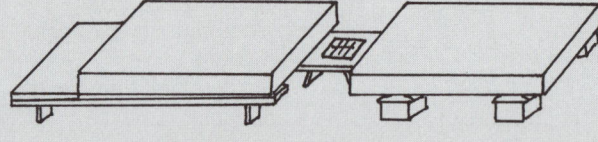

Sumpflandschaft I

3 Bänke,
4 kleine Kästen,
1 Minitrampolin,
2 Weichböden,
1 Matte.

Laufen, springen, fliegen, rollen

Sumpf II

1 Sprungbrett,
1 großer Kasten,
4 kleine Kästen,
2 Weichböden,
1 Minitrampolin.

Springen, rollen

Tunnel

2 große Kästen (eventuell
  reduziert),
1 Matte.

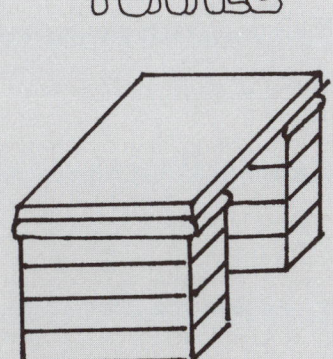

Kriechen, freies Spiel, Phantasie

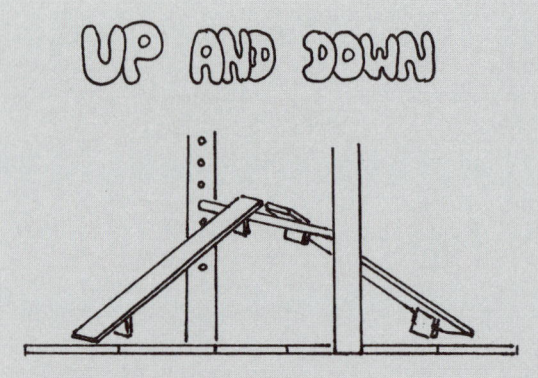

Up and Down

1 Reckanlage,
2 Bänke,
3–5 Matten.

Klettern, halten, kräftigen, rutschen

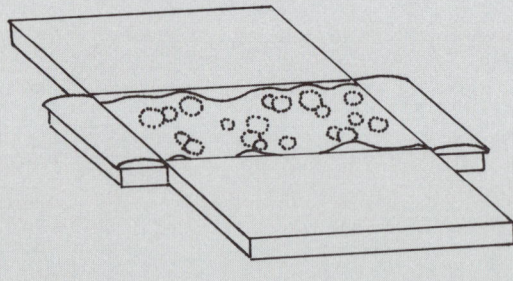

Wackelbahn

2 Weichböden,
2 Kastendeckel (oder 4 kleine
 Kästen),
diverse Bälle (verschiedener
Größe),
1 Bodenturnbahn (über die Bälle
 legen).

Sport- und Spielidee
– Mattenrodeo:
 4 Personen ziehen und schieben
 an 4 Ecken der Bodenturnbahn,
 2–4 Personen sitzen auf der
 Bodenbahn.
– Tigerentenrodeo:
 1 Erwachsener befindet sich im
 Vierfüßlerstand auf der Bodenbahn. 1 Kind sitzt auf seinem
 Rücken. Andere Erwachsene
 ziehen und schieben an den 4
 Ecken der Matte bis das Kind
 vom Rücken fällt (ungefährlich!)
 Auch mit Schülern zu spielen!

Balancieren, Reaktionsschnelligkeit

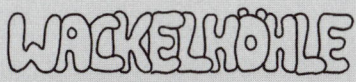

Wackelhöhe

4 kleine Kästen,
1 Weichbodenmatte.

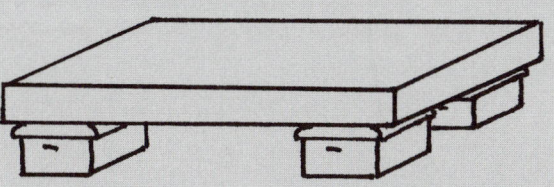

Springen, kriechen

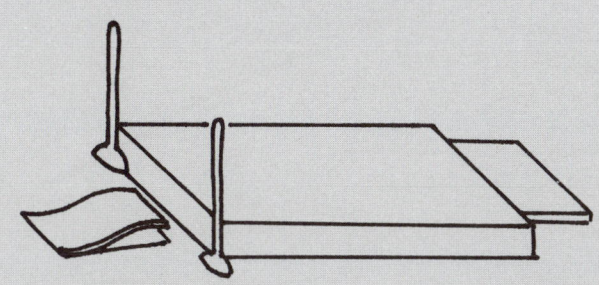

Weitsprung

1 Sprungbrett,
1 Weichboden,
1 Matte.

Laufen, springen

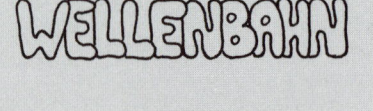

Wellenbahn

3–5 kleine Kästen,
5–7 Matten.

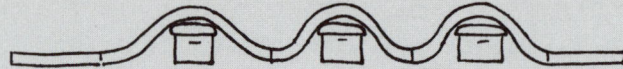

Laufen, springen, klettern, rollen

Wippe

1 kleiner Kasten (oder
  1 Kastendeckel),
1 Matte darüber,
1 Bank,
2 Matten.

Halten, balancieren

3 Planung einer Bewegungs-, Spiel- und Sportstunde

3.1 Allgemeine Voraussetzungen

Turnhalle

Die Größe der Halle und die in ihr festinstallierten Geräte (z. B. Reck, Taue, Sprossenwände) bilden den Ausgangspunkt für die Planung. Die Zahl der Sporttreibenden bestimmt die Anzahl der Stationen.

Eine „normale" Schulturnhalle lässt bei max. 60 Personen eine Maximalauslastung mit bis zu 8 Übungsstationen zu. Eine „Dreifachsporthalle" (wie z. B. die TU Sporthalle in der Waldschulallee in Berlin (Maße 30/50 m) fasst eine Kapazität bis zu 200 Personen, die an max. 12 Stationen gleichzeitig Sport treiben.

Es gibt Stationen mit einer hohen Bewegungsintensität und intensiver Stationsintensität (z. B. Airtramp, schiefe Ebene), d. h. viele Personen nutzen das Gerät gleichzeitig.

Andere Stationen besitzen einen hohen Aufforderungscharakter mit geringer Bewegungsintensität (z. B. Rodelbahn). Weiterhin gibt es Stationen, die für Einzelne eine hohe Bewegungsintensität bei gleichzeitig hohem Platzanspruch haben, was auf Kosten der restlichen Sporttreibenden geht, da ihnen weniger Raum zur Verfügung steht (z. B. Badminton, großes Trampolin).

Der Aufbau dieser letztgenannten Stationen ist dennoch gerechtfertigt, solange er nicht die restlichen Sporttreibenden zur Inaktivität zwingt (d. h. in der Praxis: das große Trampolin wird nur aufgebaut, wenn wenige Personen anwesend sind).

Tabelle 1: Geeignete Geräteauswahl

Großgeräte	**Kleingeräte**	**„Extraaustattung"**
Airtramp	Matten	Rollbretter
Großes Trampolin	Bodenbahnen	Pedalos
Minitrampoline	Balken	Stelzen
Barren	Sprungbretter	Tonnen
Sprossenwände	Bälle	Schwungtücher
Reckanlagen Schaukelringe	Hütchen	Jonglierteller, -stäbe
Taue	Springseile	Balancierbälle und Balanciertonnen
Stangen	Ziehtaue	Gymnastikbänder
Große Kästen	Hüpfbälle	Jonglierbälle
Kleine Kästen	Zauberschnur	Indiacabälle
Weichböden	Reifen	Wurfringe
Pferde	Tore	Musikinstrumente • Tamburine • Rasseln • Schellen • Klanghölzer
Böcke Schwebebalken Bänke	Zäune	Schweifbälle Softfrisbees

Materielle Voraussetzungen

Vor der Planung der Sportstunde muss die Größe, Art und Anzahl des zur Verfügung stehenden Materials geprüft werden.

Personelle Voraussetzungen

Eine Teilnehmerzahl mit bis zu 60 Sportlern an den Erlebnislandschaften erfordert 1–2 Übungsleiter. Bei einer Teilnehmerzahl bis zu 200 Personen in großen Hallen sind 3–4 Übungsleiter einzuplanen. Sofern eine Sicherheitsstellung erforderlich ist, muss eine ausreichende Zahl an Erwachsenen vorhanden sein, welche Hilfe- oder Sicherheitsstellung geben, um Unfälle zu vermeiden. In der Schule muss die Hilfestellung thematisiert und geübt werden, bevor einzelne Schüler sie übernehmen können.

Da die Auswahl der Erlebnislandschaften in besonderem Maße von der Altersstruktur der Gruppe abhängig ist, gilt es zu Beginn der Planung einen Altersquerschnitt der Gruppe zu bestimmen. Die Signatur (Männchen) auf den Stationszeichnungen gibt diesbezüglich Hilfestellungen (siehe Kapitel 2.1).

3.2 Organisation und Durchführung

Die Zeit für den Aufbau ist in entscheidendem Maße von der Teilnehmeranzahl und deren Umgang mit Aufbauten abhängig. Ebenso maßgebend ist es, inwieweit der Lehrer bzw. Übungsleiter in der Lage ist, den Aufbau zu organisieren. Für einen Aufbau mit ca. acht Stationen und recht gut geschulten Teilnehmern (ca. 60) beträgt die Aufbauzeit etwa 10 Minuten. Während dieser Zeit kann im Familiensport an den bereits fertig gestellten Stationen schon geturnt werden. In der Schule muss hingegen der Aufbau erst vollständig beendet sein, bevor geturnt werden kann, da dort keine helfenden Eltern zur Verfügung stehen, die Aufsicht führen können.

Nach dem Stationsaufbau dürfen alle Sportinteressenten gleichzeitig an allen Stationen turnen. Dabei müssen vorweg vereinbarte Regeln eingehalten werden. Bei Nichtbeachtung muss der Übungsbetrieb unterbrochen werden, da diese Regeln in erster Linie der Sicherheit dienen. Beispielsweise

darf die schiefe Ebene nur auf einer Seite bestiegen und auf der anderen Seite verlassen werden, damit niemand verletzt wird. Der Wechsel zwischen den einzelnen Stationen erfolgt im Familiensport ohne Reglementierung durch den oder die Übungsleiter.

Generell kann der Wechsel unterschiedlich organisiert werden. Möglich wären:

- Freier Wechsel,
- Wechsel auf ein optisches oder akustisches Signal hin,
- Wechsel im Rahmen einer Geschichte (z. B. „Wir reisen von Planet zu Planet"),
- Wechsel nach einer vorgegebenen Zeitspanne.

3.3 Die Aufgaben des Übungsleiters/ Lehrers

„Die Lehrkraft nimmt die Rolle des Beobachters ein, manchmal wird sie durch eigenes Tun zum Animateur. Sie greift ein, wenn es die Sorgfalts- und Aufsichtspflicht erfordert; Sie gibt Impulse für neue Situationen, stellt neue Aufgaben, verändert die Geräte und den Aufbau der Kombinationen" (SCHRAAG, 1996, S. 17).

Zusammenfassend bestehen die *Aufgaben der Übungsleiter:*

a)   **Vor der Stundenplanung:**

In der Kontrolle und Durchsicht:

- der Halle (Größe, Art und Ort der festmontierten Geräte),
- der Geräte (Großgeräte und Kleingeräte).

In der Planung:

- der Zielgruppe (Alter und Interessen der Kinder),
- Lernziel der Unterrichtseinheit,
- des speziellen Stundenschwerpunktes,
- des Stundenverlaufs.

b)   **Beim Aufbau:**

- In der Betreuung und Mithilfe zum Aufbau der Stationen.

- In der Überprüfung und Absicherung der Aufbauten (Standfestigkeit der Geräte, Absicherung durch Matten, Eliminierung möglicher Gefahrenquellen).

- Spezielle Handlungen: z. B. Seile montieren, Barrenholme feststellen, Geräte sichern o. Ä.

c) Während des Übungsbetriebes:

- Einen Panoramablick aufsetzen, um das Geschehen an allen Stationen zu überwachen, speziell einzelne Stationen besuchen, um dort zu beobachten, zu regeln, allgemeine oder spezielle methodische Maßnahmen zu ergreifen (Beispiel: einzelnen interessierten Kindern eine Methodik zum Erlernen der Flopp-Technik beim Hochsprung oder der Rolle anbieten), vormachen, mitturnen, die Kinder und Eltern animieren.

- Einweisung in erforderliche Hilfe- und Sicherheitsstellungen an den einzelnen Stationen.

d) Beim Abbau:

- Im Dirigieren der Aufräumarbeiten, Unfallverhütung (Kinder turnen nicht mehr an ungesicherten Geräten; rollender Mattenwagen bedeutet Gefahr für die Füße u. v. m.).

Aus dieser Vielzahl an Aufgaben wird ersichtlich, dass der Übungsleiter sehr flexibel in seiner Planung sein muss. Das Turnen an Erlebnisstationen führt immer wieder zu unerwarteten Veränderungen der eigentlichen Planung, da ein Großteil der Stunde von den Teilnehmern selbst gelenkt wird. Darauf muss der Übungsleiter spontan und adäquat reagieren können. Es besteht so auf der anderen Seite auch die Chance viel Neues von den Teilnehmern hinzuzulernen. Häufig ist der Lehrer erstaunt darüber, welch vielfältige Ideen, die Teilnehmer an den unterschiedlichen Stationen entwickeln. Manchmal hingegen ist es der Übungsleiter, der erst einmal das Interesse und die Motivation für einzelne Aufgaben bei den Teilnehmern wecken muss. In seiner Rolle als Arrangeur sollte er allerdings darauf achten, dass kein Kind in Situationen gedrängt wird, die es als unangenehm empfindet.

3.4 Hallenplanungen unter speziellen Thematiken

Die nun folgenden Beispiele für Hallenplanungen haben rein beispielhaften Charakter. An Ihnen soll das Spektrum der unterschiedlichen Einsatzmöglichkeiten von Erlebnislandschaften aufgezeigt werden:

• Stundenschwerpunkt: Urwald in Afrika
• Stundenschwerpunkt: Schatzinsel
• Stundenschwerpunkt: Rollen
• Hallenplanung mit Minimalausstattung 1
• Hallenplanung mit Minimalausstattung 2

Die Attraktivität des Turnens an Erlebnisstationen kann gesteigert werden, wenn es in eine für die Kinder ansprechende Rahmenhandlung integriert wird. Hierfür eignen sich in besonderem Maße Bewegungsgeschichten, die den Ablauf der Stunde prägen. Sie sind insbesondere für die Altersstufe von 2–8 Jahren alters- und entwicklungsgemäß (vgl. ROHR und FRANZESCON, 1999). Einzelne Sportstunden erhalten durch die Einkleidung in derartige Geschichten und Thematiken einen atmosphärischen Bezugsrahmen. Er bietet für die Kinder eine aktive Auseinandersetzung mit den Geräten durch einen hoch motivierenden Aufforderungscharakter. Somit kann ein phantasievoller Zugang zum Bewegen an den Stationen geschaffen werden. Die Erlebniswelt der Kinder wird dabei auf der einen Seite in das Bewegungsangebot integriert und andererseits wird ihr Erfahrungshorizont durch das eigene Erproben an den Geräten erweitert. Die Kinder erproben und trainieren ihre körperlichen Fähigkeiten und erhalten gleichzeitig die Möglichkeit ihre Gefühle und Phantasien auszuleben. Für die Auswahl von Bewegungsthematiken und Bewegungsgeschichten gibt es in der Literatur zahlreiche Beispiele (vgl. z. B. STEIN, 1994, S. 94). An den von uns aufgeführten Beispielen soll verdeutlicht werden, wie die einzelnen Gerätearrangements bezüglich einer speziellen Thematik ausgewählt und zusammengestellt werden können. Angemerkt sei, dass es häufig nicht ausreicht, eine Stunde lediglich unter ein spezielles Motto zu stellen. Für das Gelingen ist ein guter Einstieg ebenso wichtig, wie ein guter Abschluss einer derartig gestalteten Stunde. Zum Thema „Schatzinsel" bietet es sich beispielsweise, an eine Schatzkarte zu gestalten, die vor Beginn der Stunde nach einer einleitenden Geschichte und der Anreise auf einem Boot (Matten mit Reifen) an die Kinder verteilt wird. Die Abenteuer auf der Schatzinsel sollten von einer geeigneten Geräuschuntermalung (Beispiel: Tierlaute durch die Kinder gestalten lassen oder mittels einer Musikkassette) begleitet sein. So wird die Spannung und das Abenteuer erhöht. Nach einem erfolgreichen Aufenthalt auf der Insel muss die Insel natürlich auch wieder entsprechend verlassen werden (Bootsfahrt zurück). Die Reise könnte dann zum Abschluss mit einem zur Thematik passenden Tanz oder Spiel gefeiert werden.

Um eine Schulsportstunde unter einer speziellen Thematik zu planen und durchzuführen, wurde exemplarisch die Hallenplanung zum Thema „Rollen" gezeichnet. Denkbar wären auch andere Stunden zum Thema „Stützen" oder „Klettern" etc.

Die Hallenplanungen mit Minimalausstattung 1+2 geben einen möglichen Überblick zur Gestaltung und Raumaufteilung einer Schulturnhalle mit den üblicherweise in der Schule vorhandenen Geräten. Darüber hinaus sollen sie verdeutlichen, dass das Argument „wir haben aber zu wenig Geräte für solche Aufbauten" nicht zählen sollte. Auch wenn die Materialausstattung in den einzelnen Turnhallen häufig sehr gering ist, reicht es dennoch meistens aus, um zumindest einen Teil der Erlebnislandschaften zu gestalten.

Auf den nächsten Seiten folgen die Zeichnungen zu den oben genannten Stundenschwerpunkten, bzw. zur Hallenplanung mit Minimalausstattung.

Stundenschwerpunkt: Urwald in Afrika

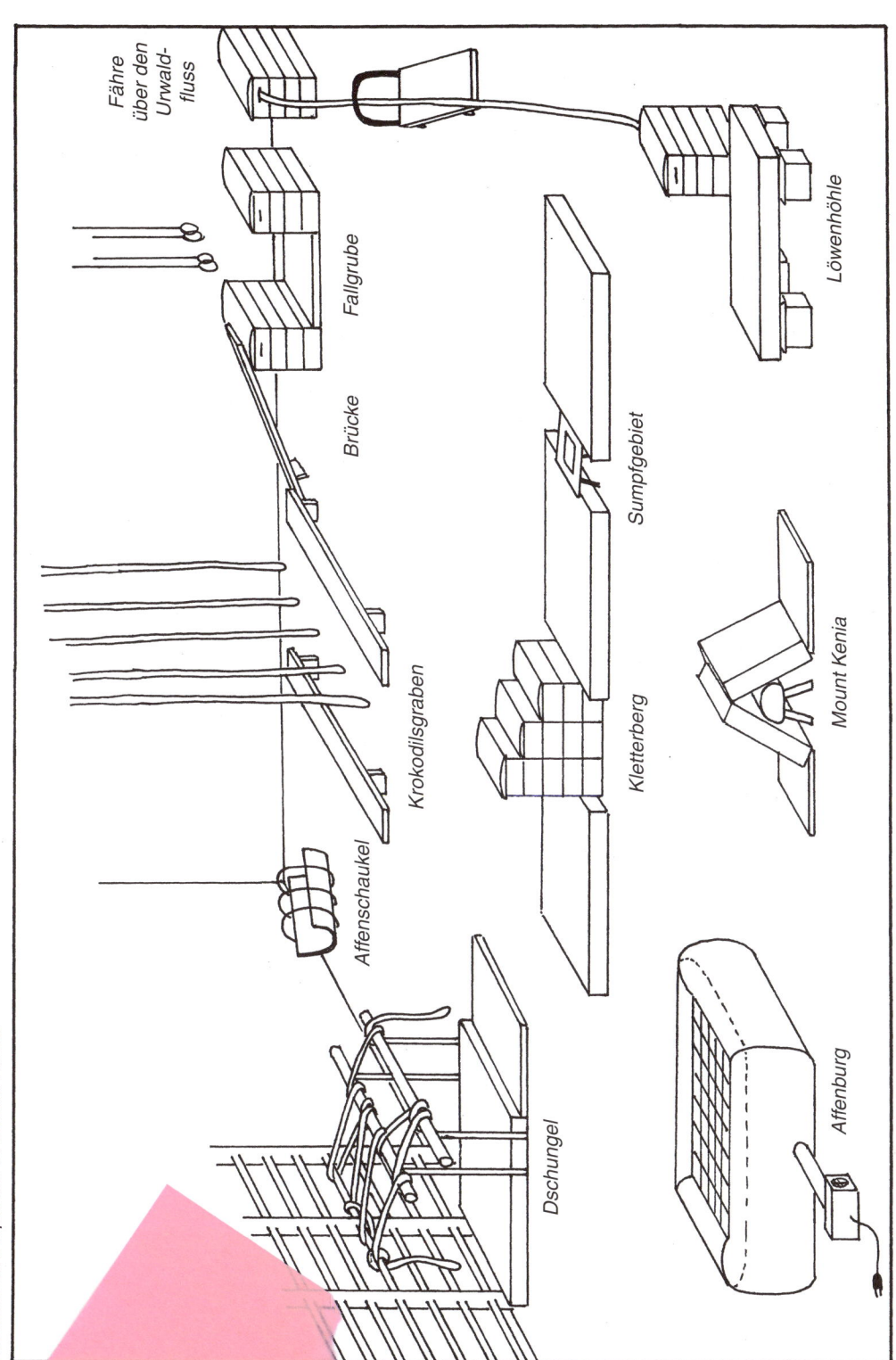

Fähre über den Urwaldfluss

Fallgrube

Brücke

Krokodilsgraben

Affenschaukel

Dschungel

Sumpfgebiet

Kletterberg

Mount Kenia

Löwenhöhle

Affenburg

Stundenschwerpunkt: Schatzinsel

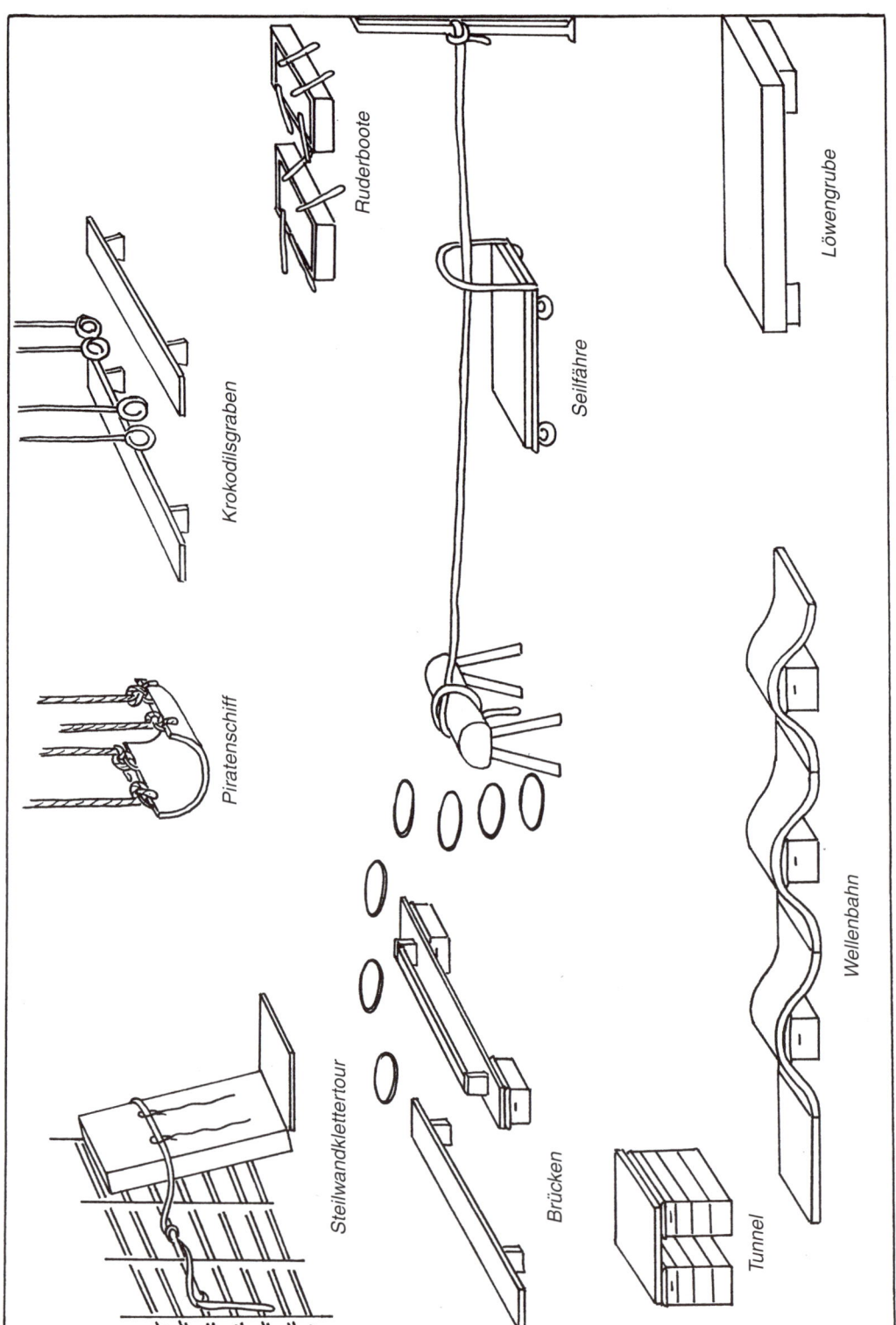

Ruderboote

Löwengrube

Krokodilsgraben

Seilfähre

Piratenschiff

Steilwandklettertour

Brücken

Wellenbahn

Tunnel

Stundenschwerpunkt: Rollen
Didaktische Maßnahme: Bewegungsaufgaben an einzelnen Stationen

Affenkäfig:
(schräggestellte Stangen)
hängen → Rolle r.w.
mit Landung auf der
Weichbodenmatte

Sprunganlage I: Rolle r.w.
Flugrolle
Salto v.w.

Kasten:
bäuchlings über den Kasten legen →
abrollen auf die Matte v.w.
rücklings über den Kasten legen →
abrollen auf die Matte v.w.

Wellenberge: hinabrollen v.w./r.w.
hinaufrollen v.w./r.w.

Bank: Rollen v.w./r.w.

Sprungschanze:
Rolle v.w.

Schiefe Ebene: Rollen w.v./r.w./s.w.

Reck: Felgabschwung vorlings v.w./r.w.
Felgumschwung vorlings r.w./v.w.

Großes Wellental:
um die Körperlängsachse hinabrollen
Rolle v.w./Rolle r.w.
Flugrolle, Salto

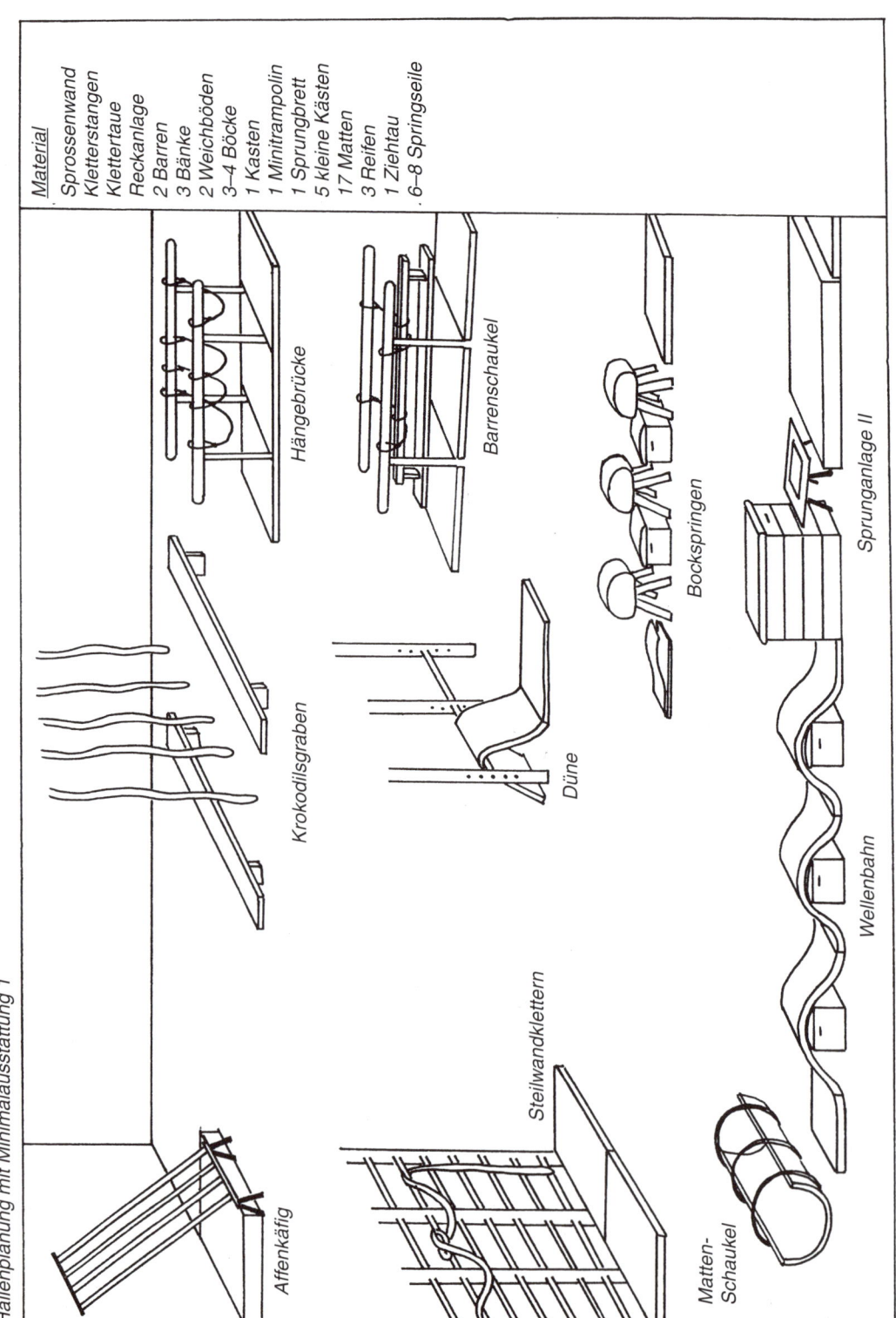

Hallenplanung mit Minimalausstattung 1

Material
Sprossenwand
Kletterstangen
Klettertaue
Reckanlage
2 Barren
3 Bänke
2 Weichböden
3–4 Böcke
1 Kasten
1 Minitrampolin
1 Sprungbrett
5 kleine Kästen
17 Matten
3 Reifen
1 Ziehtau
6–8 Springseile

Hängebrücke

Barrenschaukel

Krokodilsgraben

Düne

Bockspringen

Sprunganlage II

Wellenbahn

Affenkäfig

Steilwandklettern

Matten-Schaukel

Hallenplanung mit Minimalausstattung 2

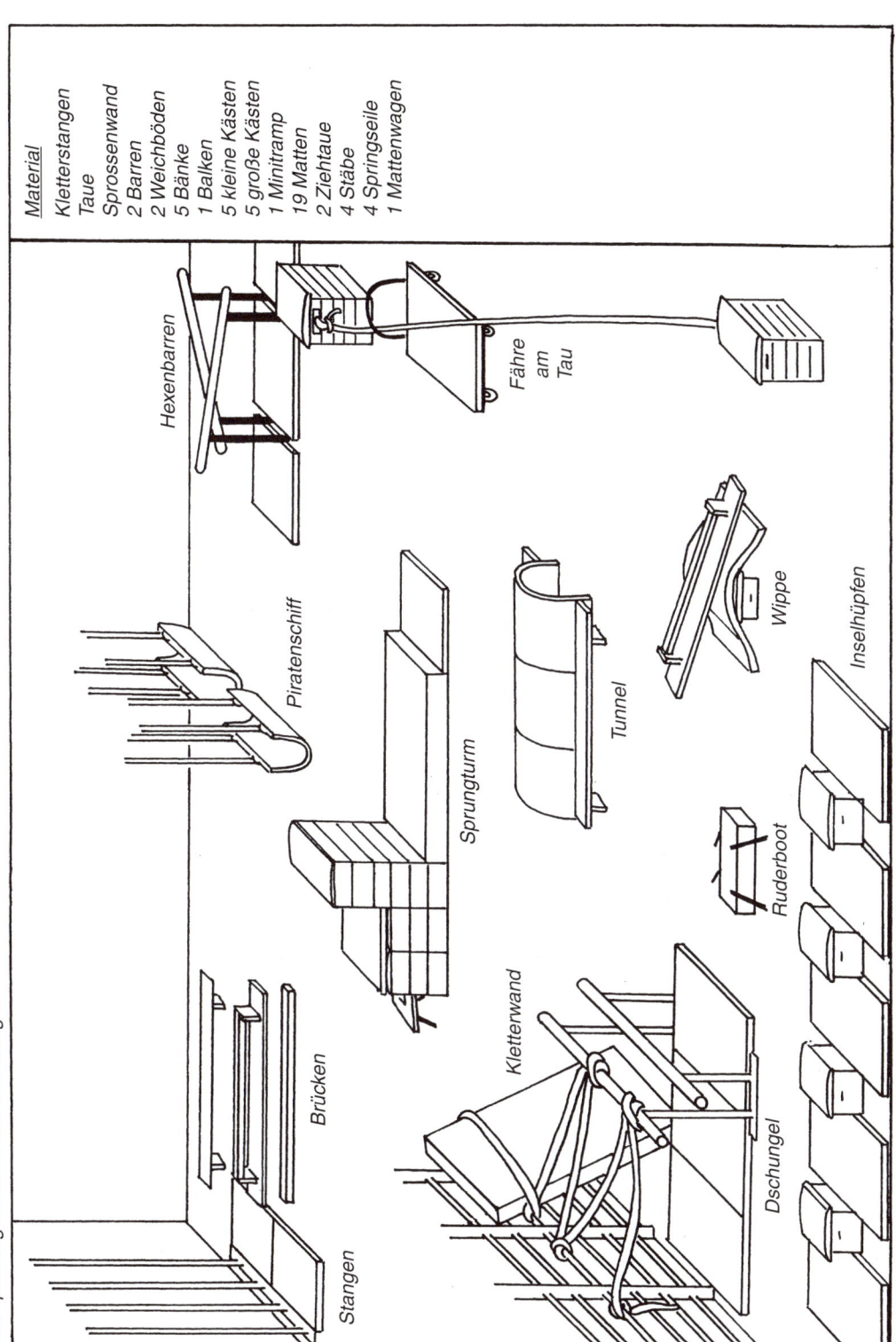

Material

Kletterstangen
Taue
Sprossenwand
2 Barren
2 Weichböden
5 Bänke
1 Balken
5 kleine Kästen
5 große Kästen
1 Minitramp
19 Matten
2 Ziehtaue
4 Stäbe
4 Springseile
1 Mattenwagen

Hexenbarren

Fähre am Tau

Piratenschiff

Sprungturm

Tunnel

Wippe

Inselhüpfen

Ruderboot

Brücken

Kletterwand

Stangen

Dschungel

4 Einsatzmöglichkeiten am Beispiel des Familiensportes

4.1 Zum Begriff Familiensport

Familiensport ist ein Thema, was in der Literatur noch wenig Beachtung findet. Als Übungsleiter bleibt einem nur die Möglichkeit sich in Büchern über Eltern-Kind-Turnen oder allgemein gehaltenen Büchern über neuere Formen des gemeinsamen Sporttreibens, Anregungen zu suchen. Ansonsten ist die eigene Kreativität gefordert.

Erste Definitionsversuche lauten: „Unter Familiensport versteht man eine gemeinsame, zeitlich und örtlich zusammenliegende Bewegungsaktivität von möglichst allen, mindestens aber zwei Familienmitgliedern." (Lehrplan Deutscher Turnerbund, 1986). Dabei ist zu bedenken, dass diese gemeinsame Tätigkeit einerseits unorganisiert im privaten Bereich stattfindet (z. B. im Urlaub oder am Wochenende) und andererseits organisiert in Vereinen und öffentlichen Institutionen unter der Aufsicht eines Übungsleiters. Diese beiden Bereiche schließen sich nicht aus, sondern können sich gegenseitig ergänzen. Ziel ist es, dass Anregungen aus dem organisierten Familiensport in den privaten Bereich übertragen werden.

Die Definition des Deutschen Turnerbundes sollte man als eine Art Sammelbegriff ansehen, da sie noch keine Rücksicht auf die verschiedenen alters-, geschlechts- und anzahlbedingten Familienkonstellationen nimmt.

4.2 Begründungen und Zielsetzungen des Familiensportes

4.2.1 Begründung des Familiensports

In den letzten 200 Jahren hat sich die Rolle und Struktur der Familie stark gewandelt. Aus einer zusammenarbeitenden und produzierenden Großfamilie hat sich mit zunehmender Industrialisierung eine verbrauchsorientierte, arbeitsteilige Kleinfamilie des Industriezeitalters entwickelt. Die Zeit für die Familie wird immer mehr zurückgeschraubt. Lange Arbeitswege, Schichtarbeit, Jugendliche, die aufgrund des Studiums, die Stadt wechseln müssen, sind nur einige der Begründungen dafür.

Hinzukommt, dass demzufolge weite Bereiche der Erziehung mittlerweile nicht mehr von den Eltern übernommen werden, sondern mehr und mehr an öffentliche Institutionen abgegeben werden. Das führt dazu, dass immer mehr Menschen vereinzeln und es zu einer Entfremdung innerhalb der Familien kommt. Häufig haben die einzelnen Familienmitglieder nur noch sehr wenig Kenntnisse über den anderen. An dieser Stelle setzt das organisierte Sporttreiben der ganzen Familie an.

Warum gerade gemeinsames Sporttreiben?

Die gemeinsame sportliche Tätigkeit hat den Vorteil, dass meist nicht befriedigte, im Alltag angehäufte Bewegungsbedürfnisse, gestillt werden können. Des Weiteren bietet das Sporttreiben mit anderen Familien einen Ort der Kommunikation, wo neue Bekanntschaften geschlossen oder alte gepflegt werden können. Es bieten sich neue Erfahrungsräume, die man gemeinsam als Familie erlebt.

Gerade für die allgemeine Entwicklung der Kinder, muss an dieser Stelle bedacht werden, dass die Familie in den ersten Lebensjahren des Kindes, einen wesentlichen Einflussfaktor für die motorische Entwicklung ihres Kindes darstellt. Ebenso wie die materielle Umwelt, genügend Bewegungsmöglichkeiten örtlich bedingt, entscheidend ist, sind es auch die Eltern als personale Umwelt in ihrer Vorbildfunktion. Die Eltern geben den Kindern den Mut für das Erobern neuer Bewegungsräume und haben dabei die Gelegenheit ihre Kinder aus einer anderen Perspektive kennen zu lernen, im Umgang mit anderen Kindern und in für sie neuen Situationen.

Alle diese Begründungen verdeutlichen die enorme Bedeutung und die Chancen, die der Familiensport bietet. Es kann zu positiven Rückkopplungen auf das alltägliche Familienleben kommen. Diese positiven Auswirkungen können allerdings nur erreicht werden, wenn der Familiensport, sich an den Bedürfnissen seiner Teilnehmer orientiert und didaktische Wege findet, um eine so heterogene Gruppe optimal betreuen zu können.

4.2.2 Zielsetzungen des Familiensports

Der Schwerpunkt des Familiensports liegt im Gegensatz zum Kinderturnen, nicht allein auf einer optimalen sportlichen Frühförderung der Kinder. Es geht vielmehr darum, dass sowohl die Eltern wie auch die Kinder aktiv gemeinsam Sport treiben und dabei gemeinsame Erfahrungen machen. Dieses gleichzeitige, spielerische Sporttreiben von Eltern und Kindern hat zum Ziel:

- mehr Nähe zwischen Eltern und Kindern zu schaffen,
- gemeinsame Bewegungsmöglichkeiten für Eltern und Kinder anzubieten,
- die Eltern in Bewegung zu bringen,
- sinnvolle Freizeitgestaltungen für die ganze Familie anzuregen.

Dabei stehen der Spaß und die Freude stets im Vordergrund.

4.3 Konzept an der TU-Berlin

Die grundlegende Idee, eine Veranstaltung für Kinder und Erwachsene einzurichten, ist an der Technischen Universität Berlin im Wintersemester 1982/83 erstmalig realisiert worden.

Dabei stand und steht auch heute noch die Verbindung von einem breitensportorientierten Training für Erwachsene, mit dem spielerischen und dennoch lernzielorientierten Sporttreiben der Kinder im Vordergrund. Die motorischen Grundfähigkeiten der Kinder werden gefördert.

Als Voraussetzungen zur Durchführung einer solchen Sportveranstaltung benötigt man:

- Eine große Sporthalle,
- eine umfangreiche Sportgeräteausstattung,
- die Organisation durch Träger (z. B. Verein, Universität),
- und geschulte Übungsleiter.

Die Sporthallengröße der Universitätshalle in der Waldschulallee entspricht der dreifachen Größe einer „normalen Schulturnhalle". Im Bedarfsfall kann die Halle durch Trennwände dreifach geteilt werden.

Eine umfangreiche Geräteausstattung, die weit über die Minimalausstattung einer schulischen Einrichtung hinausgeht, z. B. Kleingeräte aus der Motopädagogik (Pedalos, Rollbretter, Tonnen, Kreisel, Stelzen, Balancierbälle, Jonglierteller, Drehkreisel, etc.) Profigeräte, die sehr aufwendig sind, (Airtramp Maße 10 m mal 10 m, großes Trampolin) ermöglicht es dem Übungsleiter neben dem Aufbau von Erlebnislandschaften weitere psychomotorisch und sensomotorisch ansprechende Angebote zu machen.

4.3.1 Teilnehmerstruktur

Die Veranstaltung findet zweimal wöchentlich für 2 Stunden statt. Die Teilnahme an der Sportveranstaltung Familiensport ist grundsätzlich für Jedermann möglich. Die Teilnehmer entrichten im Semester pro Person 20.– DM und erwerben damit die Teilnahmeberechtigung.

Die Kosten für Lehrkräfte, Materialien, Neuanschaffung, Reparatur, Organisation und Hallennutzung sind damit nicht einmal annähernd gedeckt.

Hieraus wird ersichtlich, dass es sich beim Familiensport an der Technischen Universität um eine in erheblichen Umfang aus öffentlichen Geldern geförderte und unterstützte Veranstaltung handelt.

Die von der Technischen Universität über Jahre geführte Statistik verdeutlicht die Struktur der Teilnehmer.

Die Auswertung zeigt:

... dass ca. 500 Personen für den Familiensport angemeldet sind,

... pro Veranstaltungstermin erscheinen 150–250 Teilnehmer,

... nur ca. 20–30 Personen bilden einen festen Kern mit regelmäßiger Anwesenheit,

... der Anteil der externen Teilnehmer überwiegt, gegenüber den universitätsangehörigen Teilnehmern,

... ein Erwachsener bringt im Durchschnitt 2–3 Kinder mit,

... das Durchschnittsalter der Kinder liegt, bei einer Streuung von 1–10 Jahren, bei 4–5 Jahren,

... das Alter der Erwachsenen beträgt in der Regel zwischen 35 und 45 Jahren,

... die Zahl der männlichen und weiblichen Erwachsenen hält sich die Waage,

... zumeist ist nur ein Elternteil anwesend,

... viele Kinder werden von anderen Eltern mitgebracht (sind nicht mit den eigenen Eltern da).

Der Teilnehmerkreis weist trotz der freien Organisationsform eine relativ hohe Konstanz auf, die von äußeren Gegebenheiten gesteuert wird (Sonntage mit Hitze, Ferienzeit, Weihnachtsmärkte reduzieren die Teilnehmerzahl; Schlechtwetterzeiten von Oktober bis November erhöhen die Teilnehmerfrequenzen).

Tabelle 2: Materielle Voraussetzungen

Großgeräte	Kleingeräte
1 Barren	Bälle unterschiedlichster Art
5 kleine Kästen	25 Hütchen
5 große Kästen	12 Trennzäune
5 Weichböden	20 Reifen
2 Pferde	30 Seile
3 Mattenwagen	3 Taue
1 Bodenbahn	1 Kreisel
1 großes Trampolin	2 Schwungtücher
2 Minitrampoline	4 Balanciertonnen
3 Rheuterbretter	Rückschlagspiele
1 Airtramp	30 Hockeyschläger
30 kleine Matten	Indiacabälle
6 Bänke	6 Rollbretter
2 Tore	4 Pedalos
	3 Paar Stelzen
	Jonglierutensilien
	2 Zauberschnüre
	Gymnastikbänder
	Musikinstrumente (Triangel, Schellen, Tamburin, Klanghölzer)

4.3.2 Stundenplanung zum Familiensport der TU-Berlin

Alle bereits im Kapitel 3 genannten Punkte kommen an dieser Stelle zum Einsatz.

Ein Team von 3 Übungsleitern erstellt zum Beginn der Stunde einen Plan und berücksichtigt dabei die materiellen und personellen Voraussetzungen.

Halle: Dreifach-Sporthalle, gegebenenfalls durch Trennwände dreifach teilbar

Materielle Voraussetzungen:

Festinstallierte Geräte/Fixierte Aufbauorte:
Hallenquerseiten: Je 5 Sprossenwände
Hallenlängstseiten: Je 3 Basketballkörbe
Hallenecke mit
Elektroanschluss
und Kompressor: 1 Airtramp

Personelle Voraussetzungen:

Die Übungsleiter berücksichtigen bei der Hallenplanung vor Unterrichtsbeginn:

• Die Teilnehmerzahl der speziellen Stunde:
 – große Gruppe = 150–200 Personen,
 – mittlere Gruppe = 80–150 Personen,
 – oder kleine Gruppe bis 80 Personen.
• Die Teilnehmerstruktur.
• Alter der Kinder (Anteil der Kinder von 0–3 Jahren, von 3–6 Jahren, von 7–10 Jahren).
• Zahl der Kinder, Zahl der Erwachsenen.
• Interessen/Wünsche einzelner Personen und Gruppen.

Bei allen Hallenplanungen ist eine Badmintonanlage für die Eltern eingeplant und eine mit Balken abgetrennte Ecke zum gefahrlosen Üben mit Pedalos, Rollbrettern, Tonnen und sonstigen Geräten zum Balancieren.

Zur Vereinfachung der Organisation befinden sich die Standartaufbauten immer an derselben Stelle (Airtramp, Badminton, Pedalos, Rollbretter, Tonnen).

Zwei Übungsleiter leiten die Gymnastik nach Musik am Anfang und Ende des Familiensports.

Ein Übungsleiter leitet das Spiel.

Alle Übungsleiter sind stets verfügbar für Fragen und Antworten, im Einsatz, beim Aufbau, bei der Kontrolle, der Sicherheit und Gefahrenreduzierung, als Animateur, zur Hilfestellung und Materialbeschaffung.

Zweimal während des Übungsablaufes werden die Teilnehmer zu einem „Haufen" zusammengerufen (Trillerpfeife, Ruf):

- Nach der Eingangsgymnastik, zur Begrüßung, Erläuterung des Aufbaus anhand des Hallenplanes, Sonstiges,
- zum Spiel am Ende der Stunde.

Ansonsten ist die Organisationsform frei, einzelne Personen werden aber speziell für den Aufbau zu einzelnen Stationen geholt.

Der Ablauf und die Durchführung der Stunde ist optimal, wenn die Übungsleiter im Hauptteil, beim Turnen an den Erlebnislandschaften nur noch im Hintergrund agieren. (Sicherheitskontrolle, Rundgang von Station zu Station, Panoramablick, individuelle Einzelberatung/Bewegungsanleitung

Ablauf der Stunde

Übungsleiter: Martina Lutter-Walther, Antje Stock, Norbert Raabe, Wencke Kegel

Gesamtzeit: 120 min.

Hallengröße: 3-fach-Sporthalle

Tabelle 3: Ablauf der Stunde

	Zeit	Inhalt	Medien	Organisation	Ziel
Ein-leitung	15 min	Freies Spiel	Klein-geräte	Frei	• Zeit für freies Spiel; • Zuspätkommende werden leichter integriert
	15–20 min	Gymnastik mit Musik	Musik-anlage, Kassetten, CDs	• Laufen im Kreis • Freie Aufstellungsform, bei welcher der Übungsleiter im Zentrum steht	• Allgemeine und spezielle Erwärmung • Gemeinsames Angebot für Eltern und Kinder
Haupt-teil	5 min	• Begrüßung der Teilnehmer • Besprechung der Stundenschwerpunkte und des Aufbaus mittels einer Tafel • Klärung organisatorischer Fragen	Magneten Tafel Zeich-nungen	• Haufen in der Hallenmitte • Übungsleiter stehen frontal zur Gruppe • Tafel anschließend an der Hallenseite aufgestellt	• Vorstellung und Organisation des sich anschließenden Aufbaus
	10–15 min	• Aufbau der Erlebnislandschaften durch Eltern und Kinder • Kinder turnen an den schon fertig gestellten Stationen (z. B. Airtramp)	abhängig vom ge-wählten Aufbau	• Erwachsene orientieren sich an den Stationskarten • Übungsleiter dirigieren den Aufbau einzelner Stationen und überprüfen sie auf Sicherheit • Kinder holen Kleingeräte oder leichte Großgeräte	• Eigenständigkeit der Eltern beim Aufbau • Übungsleiter leiten an, kontrollieren und sichern den Aufbau • Kinder können ihrem Bewegungsdrang an schon abgesicherten Stationen nachkommen
	45 min	• Kinder und Eltern turnen an allen Stationen • Eltern übernehmen Sicherheitsstellung • Übungsleiter überwachen das Geschehen (Panoramablick), kontrollieren ständig die Sicherheit der Stationen, geben Anregungen und Bewegungshinweise, vermitteln den richtigen Geräteeinsatz und animieren		• Stationsbetrieb mit eigenständigem Wechsel • Übungsleiter wechselt seine Position und geht von Station zu Station und hat dennoch ganze Halle im Blick	• Vielfältige Förderung der motorischen Grundfähigkeiten der Kinder • Eltern üben und trainieren • Eltern und Kinder agieren gemeinsam maximal mögliche Bewegungsintensität für alle Teilnehmer
Aus-klang	5 min	• Abbau der Erlebnislandschaften	Musik	• Musik setzt Signal zum Abbaubeginn • Übungsleiter lenken die Abbauarbeiten und betreuen das Einräumen in die Geräteräume	• Abbau der Geräte in schnellstmöglicher Zeit
	5–10 min	Kleines Spiel	verschie-den	Haufen zur Erläuterung der Spielidee	• Gemeinsamer Ausklang für Eltern und Kinder
	15 min	Gymnastik mit Musik	siehe oben	Siehe oben	• Allgemeiner Ausklang

4.4 Beispiele für Hallenaufbauten in der TU-Sporthalle

In Abhängigkeit von der Struktur der Teilnehmeranzahl folgen Beispiele für Hallenplanungen:

• Stundenschwerpunkt: vielfältige Förderung der motorischen Grundfähigkeiten bei großer Anzahl von 1- bis 3-jährigen Kindern.

• Stundenschwerpunkt: vielfältige Förderung der motorischen Grundfähigkeiten bei einer hohen Anzahl von 4- bis 10-jährigen Kindern.

• Stundenschwerpunkt: vielfältige Förderung der motorischen Grundfähigkeiten bei geringer Teilnehmerzahl.

• Stundenschwerpunkt: vielfältige Förderung der motorischen Grundfähigkeiten bei hoher Teilnehmerzahl.

Hallenplanung aus der TU Sporthalle Berlin
Stundenschwerpunkt: vielfältige Förderung vieler motorischer Grundfähigkeiten bei großer Anzahl von 1- bis 3-jährigen Kindern

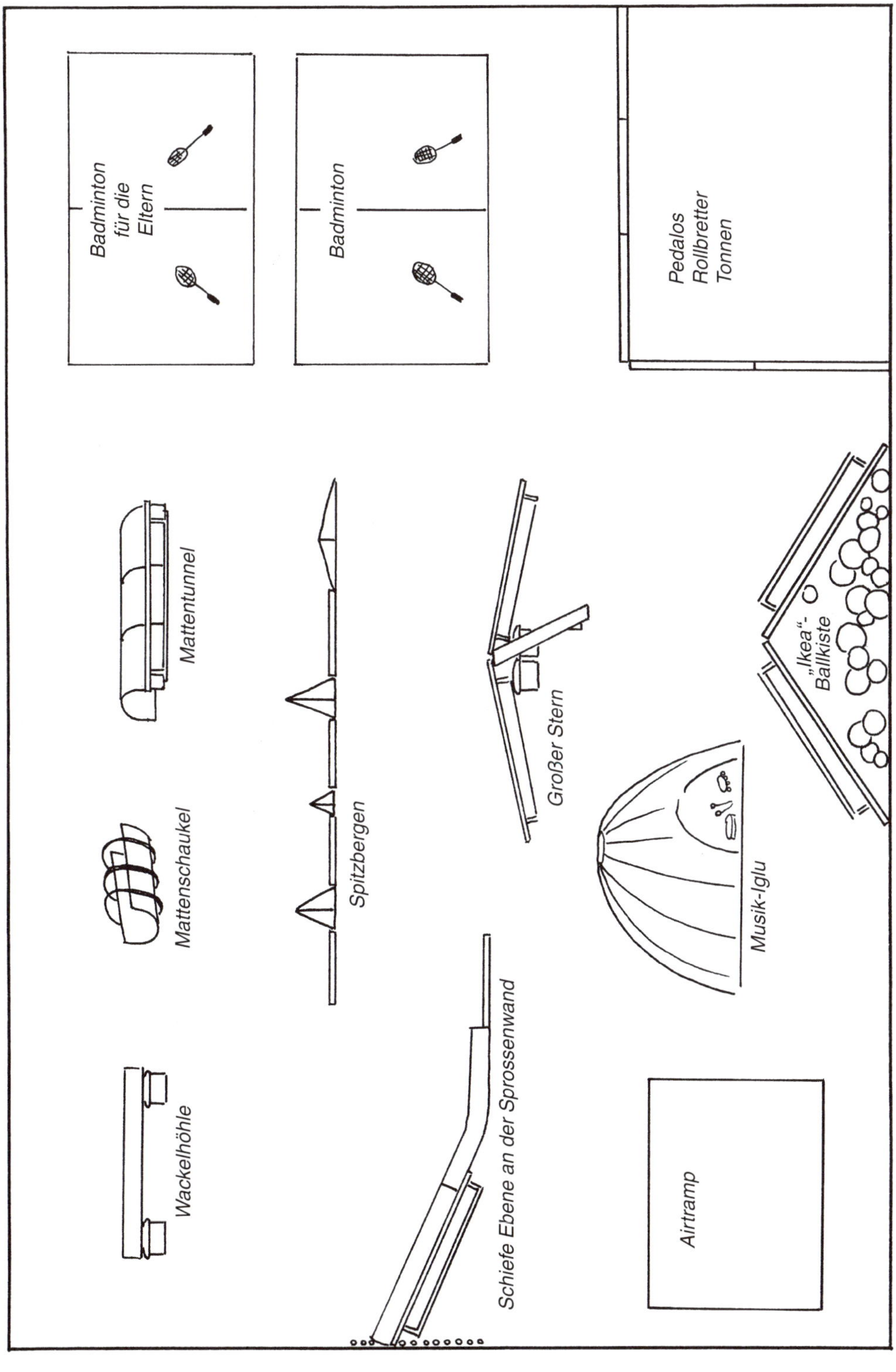

Badminton
für die
Eltern

Badminton

Pedalos
Rollbretter
Tonnen

Mattentunnel

Mattenschaukel

Spitzbergen

Großer Stern

"Ikea"-
Ballkiste

Musik-Iglu

Wackelhöhle

Schiefe Ebene an der Sprossenwand

Airtramp

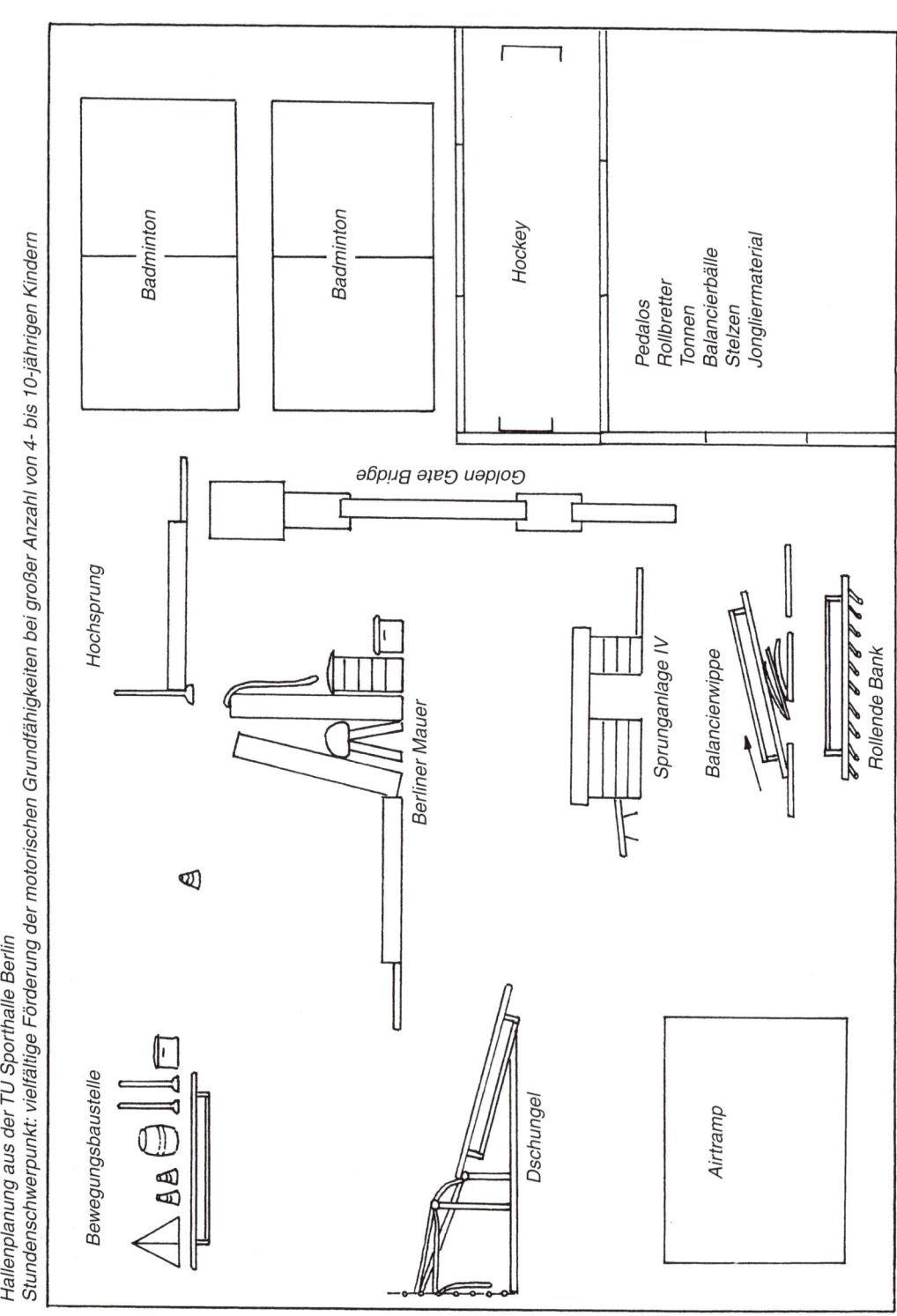

Hallenplanung aus der TU Sporthalle Berlin
Stundenschwerpunkt: vielfältige Förderung der motorischen Grundfähigkeiten bei großer Anzahl von 4- bis 10-jährigen Kindern

Hallenplanung aus der TU Sporthalle Berlin
Stundenschwerpunkt: vielfältige Förderung der motorischen Grundfähigkeiten bei geringer Teilnehmerzahl

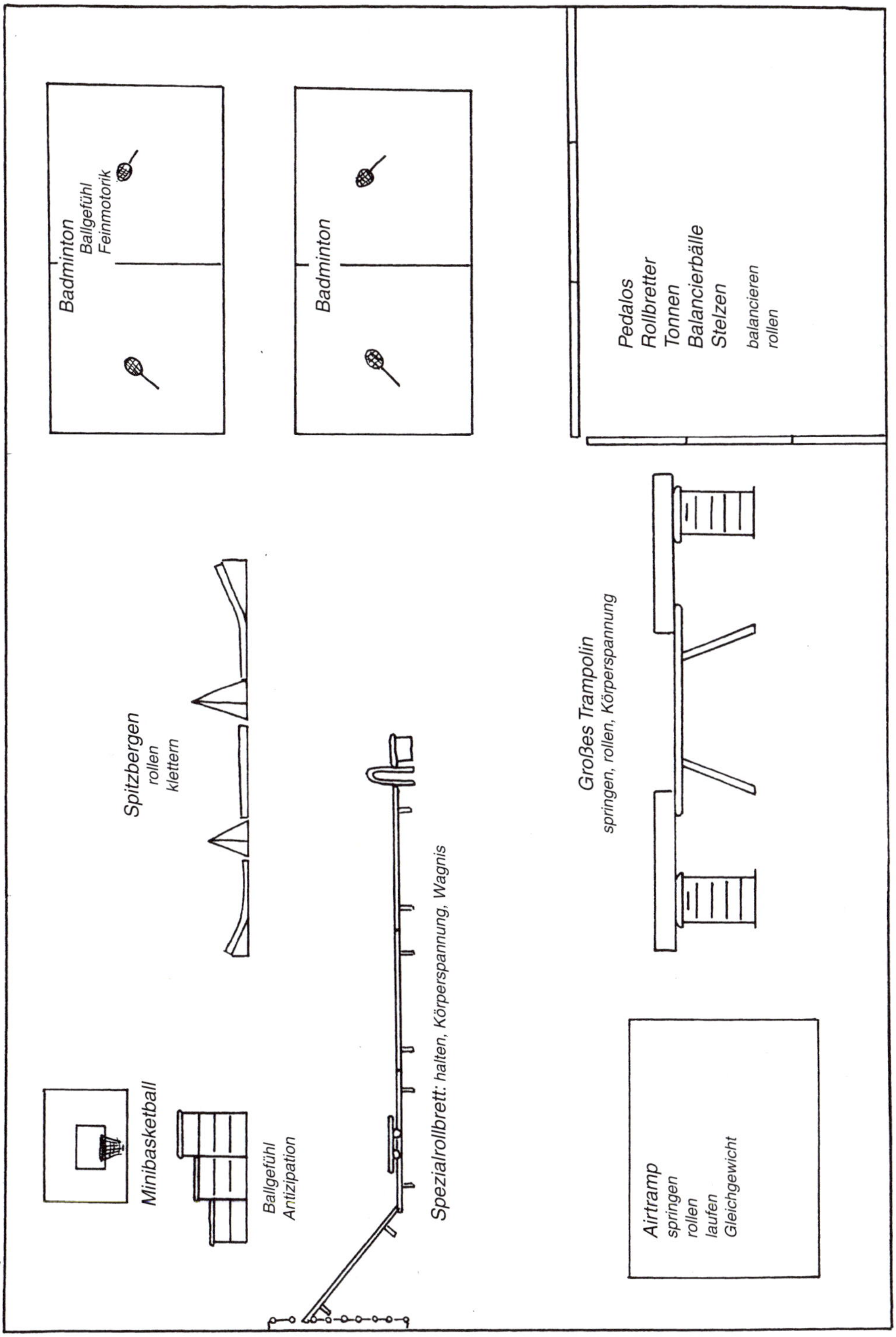

Badminton
Ballgefühl
Feinmotorik

Badminton

Pedalos
Rollbretter
Tonnen
Balancierbälle
Stelzen
balancieren
rollen

Spitzbergen
rollen
klettern

Minibasketball
Ballgefühl
Antizipation

Spezialrollbrett: *halten, Körperspannung, Wagnis*

Großes Trampolin
springen, rollen, Körperspannung

Airtramp
springen
rollen
laufen
Gleichgewicht

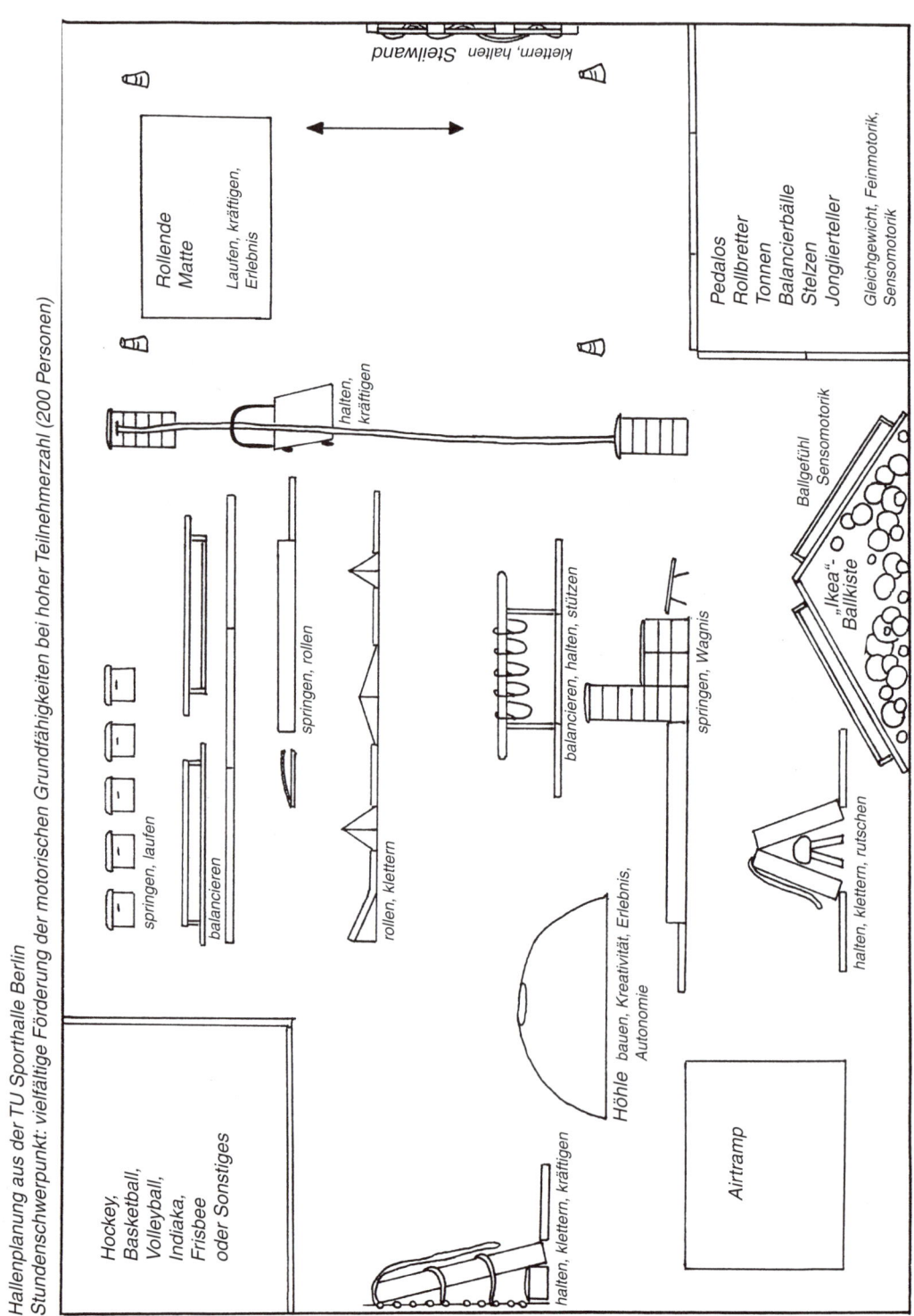

Hallenplanung aus der TU Sporthalle Berlin
Stundenschwerpunkt: vielfältige Förderung der motorischen Grundfähigkeiten bei hoher Teilnehmerzahl (200 Personen)

5 Literaturhinweise

BAUMANN, N.: Erlebnis und Risiko – Mit Sicherheit ein Thema für den Schulsport! In: Praxis der Psychomotorik, 24 (1), 1999, S. 28–32

BAUMANN, N./HUNDELOH, H.: Alternative Nutzung von Sportgeräten. BAGUV Hrsg. – Sicherheit im Schulsport, Heft 9, 1996, S. 36 und 37

DTB Forum Vereinsentwicklung Deutsche Turnerjugend (Hrsg.): Kinder in Bewegung – Vom Kinderturnen zum Sport mit Jugendlichen. Aachen: Meyer und Meyer , 1999

FRIES A.: Kinder-Turnen im Grundschulalter „Ran an die Geräte!". Buchverlag Axel Fries 1997

KOSEL A.: Schulung der Bewegungskoordination. Schorndorf: Hofmann 1993

LORENZ K.-H.: Eltern Kind Turnen. Frankfurt am Main: Pohl-Verlag, 1988

MICHALKE-HAFKE, M.: Ein Urwald in der Turnhalle – Abenteuersport – Sportabenteuer mit Behinderten. In: Praxis der Psychomotorik, 19 (1), 1994, S. 39–43

NEUMANN P./KITTSTEINER J.: Wagnissport – Ein Beispiel zum mehrperspektivischen Sportunterricht. In: Lehrhilfen für den sportunterricht, 47 (1998), H. 9, S. 129–132

NEUMANN, P.: „No risk no fun" oder: Wagniserziehung im Schulsport. In: sportunterricht, 47 (1998), 1, S. 4–11

OMSELS, H.-J.: Fun-Activity oder: Die andersartige Abenteuerreise mit Kolumbus. In: Lehrhilfen für den sportunterricht, 46 (1997), 4

SCHMIDT, G.: Neue Abenteuerspielstationen – Fünfergruppe. In: Sport Praxis 1996, H. 2, S. 9–10

SCHRAAG, M. (Hrsg.): Erlebniswelt Sport: Ideen für die Praxis in Schule, Verein und Kindergarten. Schorndorf: Hofmann 1996

STEIN G.: Kleinkinderturnen ganz groß: drei- bis siebenjährige Kinder erleben Bewegung und Spiel in Verein; Grundschule und Kindergarten. Aachen: Meyer und Meyer 1994.

6 Zu den Verfasserinnen

Martina Lutter-Walther, 39 Jahre, Mutter von zwei Jungen, abgeschlossenes Hochschulstudium (1988) an der FU Berlin in den Fächern: Sport und Geographie, seither vielseitig tätig im Bereich des Eltern-Kind-Turnens, Kinderturnens mit Schwerpunkt auf Eltern-Kind-Turnen; seit 1990 als Übungsleiterin im Familiensport an der TU Berlin tätig.

Antje Stock, geb. Korthaase, 29 Jahre, Mutter eines Mädchens, abgeschlossenes Hochschulstudium mit den Fächern Sport und Grundschulpädagogik an der FU Berlin, abgeschlossenes 2. Staatsexamen als Grundschullehrerin; seit 8 Jahren vielseitige Erfahrungen im Bereich Eltern-Kind-Turnen und Gymnastik; seit 1994 als Übungsleiterin im Familiensport an der TU Berlin tätig.

Nach nunmehr fünf gemeinsamen Jahren im Familiensport wollen wir dieses Kapitel abschließen und interessante neue Aufgaben wahrnehmen. Daher kommt es zu dem Wunsch unsere umfangreiche Materialsammlung einem breiten Publikum zugänglich zu machen und somit unserer Arbeit einen würdigen Abschluss zu geben.

Alle Zeichnungen wurden von Martina Lutter-Walther entworfen, gezeichnet und neu überarbeitet. Den Begleittext „Erlebnislandschaften in der Turnhalle" haben Antje Stock und Martina Lutter-Walther gemeinsam verfasst.

Unser Ziel ist eine einfache Handhabbarkeit mit diesem Material für jeden Lehrer und Sportlehrer, insbesondere für Lehrer, die neue Anregungen suchen oder fachfremd Sport unterrichten müssen (was in der Sekundarstufe I häufiger der Fall ist). Unser Schwerpunkt liegt in der Praxisnähe.

Der in diesem Bereich darüber hinaus interessierte Leser kann Hinweise zu weiterführender Literatur aus dem Literaturverzeichnis entnehmen.